新征程中的
皮书研创与出版

RESEARCH，
CREATION AND
PUBLICATION OF
PISHU ON THE NEW JOURNEY

主　编 / 谢曙光
副主编 / 蔡继辉　吴　丹　丁阿丽

社会科学文献出版社
SOCIAL SCIENCES ACADEMIC PRESS (CHINA)

目录 Contents

特稿

中国社会科学院秘书长、党组成员赵奇在第二十二次全国皮书年会上的讲话*

尊敬的贻伟主席、培林主任，各位嘉宾、各位专家学者、各位领导：

大家上午好！

在国内新冠肺炎疫情防控常态化的背景下，今天来自全国各地各行业各领域的专家和代表们齐聚羊城广州，出席由中国社会科学院主办的第二十二次全国皮书年会。在此，我代表中国社会科学院对出席本次年会的各位嘉宾和远道而来的专家、学者表示热烈的欢迎。对为本次会议的顺利召开给予大力支持的广东省委省政府、广州市委市政府、广州市政协和具体承办本次会议的广州市社会科学院表示衷心的感谢！对中宣部出版局、全国哲学社会科学工作办公室长期以来对中国哲学社会科学事业特别是对中国社会科学院的大力支持表示诚挚的敬意和谢意！

今年是中国共产党成立 100 周年，在中国共产党的领导下，我们全面建成了小康社会，解决了绝对贫困问题，向着全面建成社会主义现代化强国的第二个百年奋斗目标迈进。近年来，我国

* 根据中国社会科学院秘书长、党组成员赵奇在第二十二次全国皮书年会上讲话的录音整理，已经本人审阅。

哲学社会科学界围绕推进国家治理体系和治理能力现代化、统筹疫情防控和经济社会发展、决胜全面小康、决战脱贫攻坚、国家“十四五”规划编制等重大问题开展理论和政策研究，推出一大批重要成果，为中央决策提供了学术支持，在推动社会主义现代化建设中发挥了积极作用。在新征程中，为应对世界百年未有之大变局所带来的机遇和挑战，广大哲学社会科学工作者正与伟大时代同发展、与亿万人民共奋进，推动哲学社会科学事业不断取得新的成绩。

党中央和习近平总书记高度重视我国哲学社会科学事业的发展。2016 年 5 月 17 日，习近平总书记在哲学社会科学工作座谈会上发表重要讲话，提出了加快构建中国特色哲学社会科学重大任务；习近平总书记还分别在中国社会科学院建院 40 周年和中国历史研究院、中国非洲研究院成立时发来了贺信。为贯彻落实习近平总书记“5 · 17”重要讲话精神和三次致中国社会科学院贺信精神，中国社会科学院不断加强构建中国特色哲学社会科学“三大体系”建设，积极发挥“思想库”“智囊团”作用。

以皮书为代表的哲学社会科学应用对策性研究成果是构建中国特色哲学社会科学“三大体系”的重要平台。作为哲学社会科学应用对策性研究成果，皮书是服务于党和政府决策、服务于社会和行业发展的重要载体，为广大哲学社会科学工作者开展应用对策研究、服务中国特色社会主义事业建设提供了出版与传播平台。进入新发展阶段，在开启全面建设社会主义现代化国家的新征程中，我们要加快推动皮书的高质量发展，进一步发挥皮书在咨政建言、舆情引导等方面的价值和作用。借此机会，我就进一步做好皮书的研创出版工作提出四点意见，与大家交流。

第一，加强党对皮书事业的领导，不断提高政治站位。习近平新时代中国特色社会主义思想是马克思主义中国化的最新成果，是当代中国马克思主义、21 世纪马克思主义。皮书的研创出版要坚持正确的政治方向和学术导向，以习近平新时代中国特色社会主义思想为指导，要坚持马克思主义在意识形态领域的指导地位。皮书课题组应结合习近平新时代中国特色社会主义思想在各地、各领域贯彻落实的生动实践，加强经验总结和理论概括，坚持正面宣传和敢于“亮剑”相结合，研究实际问题，提出对策建议，使皮书的研究成果更加饱满，更有张力。

第二，推动基础理论研究与应用对策研究融合发展，进一步优化皮书的选题结构。要围绕国之大者、国之大要、国之大事、国之大计，开展皮书研创，全面、系统、深入研究及回答其中的重大理论和实践问题。皮书应该得到全国智库机构以及哲学社会科学研究单位的广泛重视，并将其放在为党和国家工作大局服务、为中国特色社会主义事业服务、为传播我国哲学社会科学成果服务的更高战略位置。近两年，数字经济、人工智能、金融科技、平台治理等新兴、交叉领域也有了皮书，皮书课题组要在及时准确把握这些新兴领域、交叉领域发展特征和趋势的前提下，加大研究力度，增强指导作用。

第三，进一步提升皮书的内容质量和影响力。习近平总书记在十九届中央政治局第三十次集体学习时的讲话指出，“要加快构建中国话语和中国叙事体系，用中国理论阐释中国实践，用中国实践升华中国理论，打造融通中外的新概念、新范畴、新表述，更加充分、更加鲜明地展现中国故事及其背后的思想力量和精神力量”。经过二十多年的培育，皮书已经成为国内外读者了解中国经济社会发展、国际关系和全球治理等发展现状与未来趋势的重要渠道，具有广泛的社会影响力。“质量为本、精品为要”是皮书品牌保持长久生命力的制胜法宝。高质量的皮书也是提升智库影响力的主要方面。因此，皮书课题组应强化问题意识和需求导向，聚焦新时代的重大理论和实践问题，聚焦中华民族伟大复兴的战略全局，立足中国、借鉴外国，挖掘历史，把握当代，研创出具有前瞻性、全局性和储备性的智库报告；同时，推进皮书成果的国际化传播，提升皮书的国际影响力，讲好中国故事，传播好中国声音。

第四，建立健全皮书科研和管理体制机制。要遵循哲学社会科学发展规律，建立健全体制机制，不断解放和发展科研生产力，为高质量学术成果的产生，特别是应用对策性成果的研究提供良好的制度环境。近年来，社会科学文献出版社为推动皮书的高质量发展，建立了皮书目录管理制度、皮书准入退出制度、皮书评价评奖制度，在皮书品牌维护方面做出了积极探索。下一步应继续完善皮书准入、皮书评价、皮书发布、皮书淘汰等管理制度，并在编审环节严格把关，保证皮书的质量水平。此外，作为重要的智库成果形式，皮书是智库报告的集合，是集体智慧的结晶。皮书作者和主编在完成皮书的过程中，付出了巨大的精力，各皮书研创单位，特别是高校、地方社会科学院应将皮书研创纳入职称评定、创新工程考核等方面，使高质量的科研投入和产出相匹配，鼓励科研人员做有深度、高水平的研究。同时，要进一步完善人才培养制度，鼓励青年人才参与皮书研创和智库报告写作，为青年人才成长提供更多机会，为智库发展储备人才。

皮书的发展与在座每一位参与皮书工作的管理者、策划者、研创者的努力是分不开的。在新的伟大征程中，希望大家勇攀高峰、不断超越，在加快构建中国特色哲学社会科学“三大体系”中实现更大作为，为繁荣中国学术、发展中国理论、传播中国思想推出更多标注新时代的精品力作，为实现中华民族伟大复兴的中国梦做出新的更大贡献。

最后预祝本次年会取得圆满成功。

谢谢大家！

社会科学文献出版社社长王利民在第二十二次全国皮书年会上的致辞*

尊敬的赵奇秘书长、培林院长、贻伟主席，各位领导、各位专家、新闻界的朋友们：

大家上午好！

今天，全国皮书人共聚花城广州，出席由中国社会科学院主办、社会科学文献出版社和广州市社会科学院承办的第二十二次全国皮书年会，在此，我谨代表本次年会的承办方，向莅临本次会议的领导和嘉宾表示热烈的欢迎！向为本次年会在广州顺利召开给予指导和支持的广东省委省政府、广州市委市政府，以及长期以来关心和支持皮书事业发展的领导和专家致以崇高的敬意！向为本次年会的召开付出巨大努力和辛勤劳动的广州市社会科学院领导和全体工作人员表示衷心的感谢！

本次年会的主题是“全面建设社会主义现代化国家新征程中皮书发展的新任务、新目标”。皮书作为中国社会科学院

* 根据社会科学文献出版社社长王利民在第二十二次全国皮书年会上的开幕致辞录音整理，已经本人审阅。

基础理论研究与应用对策研究融合发展的代表性成果，不仅是哲学社会科学工作者服务中国特色社会主义现代化建设的重要应用对策性智库成果，更是助力中国特色新型智库建设的学术出版传播平台。20 余年来，皮书始终坚持高起点、高标准、高质量的出版理念，以学理明思想，深入研究重大理论和现实问题，聚焦时代主题，胸怀“国之大者”，不断提出新思想、发展新理论、探索新对策，在中国社会科学院、中宣部出版局等主管部门的指导和支持下，在皮书研创者和出版者的共同努力下，取得了一系列辉煌的成绩，实现了高速成长和高质量发展。

习近平总书记在“七一”讲话中指出，全面建成小康社会之后，中国已经迈上了建设社会主义现代化强国的新征程。构建、发展和繁荣中国特色哲学社会科学是新时代的重要任务，建设中国特色新型智库也是新时代的重任。皮书作为应用对策性智库成果出版平台的作用愈加凸显，皮书的未来发展必须适应新的时代要求，准确把握社会前进的大势、大局以及参照坐标，只有这样才能有针对性地研究中华民族发展进程中面临的新情况新问题，提出解决新的社会主义矛盾的新办法和走进世界舞台中央的新对策，发挥中国特色新型智库成果应有的积极作用。

未来，皮书如何在全面建设社会主义现代化强国的奋斗新征程中乘势而上，在基础理论与应用对策研究融合发展中取得更大的进步，期盼今天参会的各位领导和专家能够就此畅所欲言，贡献更多的智慧。社会科学文献出版社也将进一步提高编辑出版传播环节的服务水平和专业化水平，全方位推动皮书的融合发展和高质量发展，为繁荣中国学术、发展中国理论、传播中国思想做出应有的贡献！

预祝本次会议取得圆满成功！

谢谢大家！

发挥皮书重大平台功能　推动广州新型城市智库创新发展*

张跃国

尊敬的李培林主任、赵奇秘书长，尊敬的各位领导、各位专家、各位嘉宾：

大家上午好！

时维九月，序属三秋。在秋高气爽的日子里，在万木葱绿的白云山下，第二十二次全国皮书年会盛大开场。这是属于皮书事业的高光时刻，也是展现全国皮书人思想和智慧的学术盛宴。广州市社会科学院作为会议的联合承办方，有机会服务、参与、见证皮书重大活动，感到十分荣幸！我谨代表广州市社会科学院，向莅临本次会议的各位领导、嘉宾和专家学者表示热烈的欢迎！向长期关心支持我院改革发展的各位领导、同仁、朋友，表示诚挚的感谢！

近年来，广州市社会科学院深入学习贯彻习近平总书记在哲学社会科学工作座谈会上的重要讲话和加强中国特色新型智库建

* 根据广州市社会科学院党组书记、院长张跃国在第二十二次全国皮书年会上的致辞录音整理，已经本人审阅。

设重要论述精神，积极主动适应新时代新形势新要求，坚持“马克思主义理论阵地、党的意识形态工作重镇、新型城市智库”的功能定位，围绕“战略性思想、枢纽型格局、国际化平台”的战略愿景，突出“决策咨询服务、思想舆论引导、国际交往和国际传播”的重要功能，塑造“实体+平台”组织结构，构建“枢纽+网络”运作模式，聚焦主责主业、紧扣主题主线，扎实推进战略转型、整体跃升，推动新型城市智库建设步入高质量发展轨道。

一是突出决策服务和决策支撑这个根本任务，高质量组织开展重大课题研究。广州市社会科学院坚持目标导向、问题导向，组织开展战略性、前瞻性、针对性课题研究，5 年共报送内参《领导参阅》250 多期，研究专报 110 多篇，共获省市主要领导批示 170 多次。二是立足广州、面向全球，高标准建设和运作重大平台。广州市社会科学院搭建广州城市战略研究院、广州国际城市创新研究中心等 10 余个专业化智库平台；与联合国人居署、全球化与世界城市研究网络（GaWC）、世界银行、世界大都市协会等高端智库和国际组织开展全方位、多层次的项目合作和学术交流。广州市社会科学院主管主办的《开放时代》综合影响力连续多年在全国综合性人文社科学术期刊排名前三，世界学术期刊学术影响力指数在世界范围内排名前列。三是着眼增强国际交往和国际传播能力，高水平举办重大学术活动。广州市社会科学院打造形成“全球城市评价研究”“中国宏观经济运行与政策论坛”“广州文化产业交易会系列：广州文化产业论坛”等若干个国际学术会议品牌，有效增进对话交流，传播中国思想，展示广州实践。在智库创新发展进程中，我们把“广州蓝皮书”系列作为重要智库平台和学术品牌，建立了一整套工作体系和支撑保障体系，“广州蓝皮书”研创质量和影响力连创新高，在全国皮书年会上荣获多个“优秀皮书奖”“优秀皮书报告奖”一等奖，多本蓝皮书评价排名进入全国同类皮书前 20%，在新型城市智库建设发展中发挥了重大推动和牵引作用。

社会科学文献出版社组织出版的蓝皮书系列导向鲜明、站位高远，集前沿性、原创性、专业性于一体，已经成为智库成果集中展示的交流传播平台和知名学术品牌。每年一度的皮书评价评选和皮书全国会议，也为皮书研创单位和皮书作者共商共享、交流提高提供了良好平台，构建起皮书人的学术共同体甚至命运共同体。皮书作为智库工作者立足伟大时代、服务现代化建设的价值和作用日益彰显，在构建中国特色哲学社会科学中的重要地位和独特优势不可替代。我们将利用这次年会难得的机会，虚心向中国社会科学院、社会科学文献出版社以及全国各地的同行同道学习请教，在推动皮书创新发展上贡献我们的一份力量。真诚希望各位领导、各位代表对广州的改革发展、对广州市社会科学院的建设发展多提宝贵意见，多给指导支持。

最后，预祝本次全国皮书年会圆满精彩成功，祝愿各位在穗期间开心顺意、吉祥如意！

谢谢大家！

深入探讨全面建设社会主义现代化国家新征程中皮书发展的新任务、新目标

——第二十二次全国皮书年会顺利召开

蔡继辉　丁阿丽*

2021 年 9 月 24~25 日，由中国社会科学院主办、社会科学文献出版社和广州市社会科学院联合承办的第二十二次全国皮书年会在广州市顺利召开。本次年会主题为“全面建设社会主义现代化国家新征程中皮书发展的新任务、新目标”，围绕皮书在经济社会发展、国家治理以及智库建设中的作用等议题进行讨论。中国社会科学院秘书长、党组成员赵奇；十三届全国人大常委会委员、社会建设委员会副主任委员，中国社会科学院学部委员李培林；广州市政协党组书记、主席李贻伟；广东省社会科学院党组书记郭跃文；社会科学文献出版社社长王利民；广州市社会科学院党组书记、院长张跃国等领导出席开幕式。中国社会科学院副院长、中国社会科学院大学党委书记高培勇；全国人大常委会委员、社会建设委员会副主任委员，中国社会科学院学部委员李培林为大

* 蔡继辉，社会科学文献出版社副总编辑，编审；丁阿丽，社会科学文献出版社皮书研究院副院长。

会做学术报告。开幕式由中国社会科学院科研局局长崔建民主持。

中国社会科学院秘书长、党组成员赵奇在讲话中指出，以皮书为代表的哲学社会科学应用性研究成果是构建中国特色哲学社会科学“三大体系”的重要平台。进入新发展阶段，如何加快推动皮书的高质量发展，进一步发挥皮书在咨政建言、舆情引导等方面的价值和作用，进一步做好皮书的研创出版工作，他提出四点意见：第一，加强党对皮书事业的领导，不断提高政治站位，皮书课题组应结合习近平新时代中国特色社会主义思想在各地、各领域贯彻落实的生动实践，加强经验总结和理论概括，坚持正面宣传和敢于“亮剑”相结合，研究实际问题，提出对策建议，使皮书的研究成果更加饱满，更有张力；第二，推动基础理论研究与应用对策研究融合发展，进一步优化皮书的选题结构，要围绕国之大者、国之大要、国之大事、国之大计开展皮书研创，全面、系统、深入研究回答其中的重大理论和实践问题；第三，进一步提升皮书的内容质量和影响力，同时推进皮书成果的国际化传播；第四，建立健全皮书科研和管理体制机制，为高质量学术成果的产生，特别是应用对策性成果的研究提供良好的制度环境。

广州市政协党组书记、主席李贻伟指出，新征程需要新担当、新时代呼唤新作为，皮书研创者应行动起来，在建设社会主义现代化国家新征程中互学互鉴、共进共勉，在建设中国特色社会主义伟大进程中勇立潮头、开拓进取。

社会科学文献出版社社长王利民代表会议承办方致辞。王利民社长指出，皮书作为中国社会科学院基础理论研究与应用对策研究融合发展的代表，不仅是哲学社会科学工作者服务中国特色社会主义现代化建设的重要应用对策性智库成果，更是助力中国特色新型智库建设的学术出版传播平台。在中国社会科学院、中宣部出版局等主管部门的指导和支持下，在皮书研创者和出版者的共同努力下，皮书实现了高速成长和高质量发展。未来，社会科学文献出版社将进一步提高编辑出版传播环节的服务水平和专业化水平，全方位推动皮书的融合发展和高质量发展，为繁荣中国学术、发展中国理论、传播中国思想做出应有的贡献。

广州市社会科学院党组书记、院长张跃国代表会议承办方致欢迎辞。张跃国书记指出，社会科学文献出版社组织出版的“皮书系列”导向鲜明、站位高远，是智库成果展示和交流的重要传播平台和知名学术品牌，构建起了皮书人学术共同体甚至命运共同体。广州市社会科学院把“广州蓝皮书”作为重要的智库平台打造，质量和影响力连创新高，在全国皮书年会上荣获多个奖项，在广州新型城市智库建设和发展中发挥了重大的推动和牵引作用。

广东省社会科学院党组书记郭跃文指出，经过社会科学文献出版社 20 多年的不懈努力和持续运作，皮书在服务中国特色社会主义现代化建设中的作用越来越显著，在构建中国学术国际话语权，提升中国智库国际影响力等方面产生的影响越来越广泛。在全国皮书大家庭中，广东省社会科学院属于新成员，未来将不断关注国之大者，省之重者，以研创蓝皮书的方式记录美好时代，回答时代之问，贡献社科智慧，在与社会科学文献出版社开展合作的过程中不断坚定借船出海、借梯登高的信心和决心。

全国哲学社会科学工作办公室也向此次皮书年会的召开发来贺信。贺信指出，皮书系列作为全国哲学社会科学专家学者智慧的结晶，是中国社会科学院哲学社会科学创新工程的重要组成部分，是社会科学工作者咨政建言的重要载体。全国哲学社会科学工作办公室将一如既往关心支持皮书事业的发展，希望皮书系列在传播主流思想价值、推动学科建设发展、为党和政府提供高质量决策咨询服务等方面发挥新的更大的作用。

开幕式上，十三届全国人大常委会委员、社会建设委员会副主任委员，中国社会科学院学部委员李培林宣布了第十二届“优秀皮书奖”获奖名单。经第六届皮书学术委员会终评，《2020 年中国经济形势分析与预测》《京津冀发展报告（2020）》等 51 部皮书荣获第十二届“优秀皮书奖”。《2019 年中国发展运行特点》《2019 年中国国际收支运行分析及趋势展望》《2019 年中国经济共享发展评价报告》等 63 篇皮书报告荣获第十二届“优秀皮书报告奖”。

学术报告关注经济社会发展前沿

中国社会科学院副院长、中国社会科学院大学党委书记高培勇以“进入新发展阶段的市场主体”为题做学术报告。高培勇副院长将“新发展阶段”和“市场主体”作为两个理解当下中国经济社会发展的重要关键词，并对这两个关键词进行了阐释与分析。他指出，理解新发展阶段之“新”，需要在比较的基础上，选择好参照系，找准新旧阶段之间的时间分界线，才能准确把握两个阶段的差异性。第一，新发展阶段之“新”，主要在于目标之新和环境之新。在第二个百年奋斗目标新征程之中，要促进社会共同富裕，实现建设社会主义现代化强国，同时，我们面临的发展环境也发生了深刻复杂的变化，不稳定性和不确定性因素显著增加。

第二，只有把新发展阶段的参照系找准确，才能完整准确全面贯彻新发展理念，才能理解构建新发展格局的出发点和落脚点，如果把新发展阶段的参照系搞模糊，将很难理解新发展阶段相对于以往的深层次变化。第三，理解和把握新发展阶段之“新”，需要把握新发展阶段、新发展理念、新发展格局的内在联系和逻辑内涵，其中“三新”的主线便是统筹发展和安全。他进一步指出，进入新发展阶段，市场主体的重要性达到了前所未有的地步，市场主体愈加成为推动经济社会发展的重要力量。因此，要实现新发展阶段的发展和安全，首先要统筹好市场主体的发展和安全，需要把更多的关注度聚焦在市场主体之上，通过发挥市场主体的作用来实现新发展阶段的战略目标。最后，高培勇副院长强调，对市场主体的研究，是当代中国社会科学研究者立足新发展阶段、完整准确全面贯彻新发展理念、构建新发展格局的一个有效路径。他建议，广大哲学社会科学研究工作者尤其是皮书研创者，应当将更多研究关注点从资源优势配置转向市场主体的相关领域。

十三届全国人大常委会委员、社会建设委员会副主任委员，中国社会科学院学部委员李培林以“当前的社会形势和发展趋势”为题，从居民收入、城镇化、就业、收入分配四个方面分析了当前的社会形势。李培林在报告中指出，从居民收入方面看，城镇居民人均可支配收入由 1978 年的 343 元，增加到 2020 年的 43834 元，农村居民人均可支配收入由 1978 年的 134 元增加到 2020 年的 17131 元。但最终消费率和居民消费率偏低，其中，住房消费在居民的日常消费中占很大的比例。中国银行的数据显示，我国家庭住户贷款占存款的比例，由 2012 年的 39.34% 快速攀升至 2019 年末的 75.4%，房贷债务率也由 2012 年的

19.75%增长到2019年的55.8%，即住房贷款是居民债务的主要构成部分。从城镇化方面看，2010~2020年，常住人口城镇化率从49.7%增长到63.9%，户籍人口城镇化率从34.5%增长到45.4%。城镇化的发展带来了产业结构、职业结构的变化。农民工总量首次出现下降。从就业方面看，全国城镇调查失业率在5%左右，2021年7月，全国16~24岁人口城镇调查失业率达到16.2%。工业服务业一线工人减少，新零工经济、灵活就业不断增加。就业的"去工业化"开始呈现，每年900多万大学毕业生进入工厂工作的比例很低，"95后"的农民工不再愿意在工业流水线和建筑工地的脚手架上工作。从收入分配来看，改革开放以来，我国基尼系数呈现波动式上升趋势，超过了北欧以及亚洲等地区的国家（如日本）。2019年全国的居民人均可支配收入基尼系数为0.465。全国城乡居民人均年可支配收入差距在缩小，2020年差距倍数为2.56。党的十九届五中全会提出，到2035年"全体人民共同富裕取得更为明显的实质性进展"。我们要实现的共同富裕，不是历史上的"均贫富"，不能搞"杀富济贫"；不是计划经济的平均主义，不能回到"大锅饭"时代，也不是空想的乌托邦，是有差别、有效率、有激励、有机会公平的分配正义。共同富裕要做大蛋糕和分好蛋糕；要长期努力、扎实推进，不可能一蹴而就；要注重制度建设，改革完善收入和财富分配制度。

主题演讲精彩纷呈，智库成果蓝皮书现场发布

中国社会学会秘书长、中国出版协会第七届理事会副理事长、中国管理科学学会副会长谢寿光做了题为"皮书研创出版

的新趋势、新挑战、新任务”的主题演讲。谢寿光提出，百年未有之大变局叠加百年不遇之大疫情，正在深刻地改变着世界的政治、经济。2020 年在全球蔓延的新冠肺炎疫情与近年国际上反全球化、保守主义、民粹主义等因素叠加，给人类发展带来了巨大的不确定性；中国发展正处于新的历史方位，国家治理面临许多新任务、新要求。充满“不确定性”的世界需要智库提供“可确定”的理性分析与判断。面对新趋势、新挑战、新任务，谢寿光指出皮书研创出版应从以下几个方面发力：一是坚持正确的政治方向、学术导向和价值取向；二是全面落实“调整结构、优化选题”的皮书目录管理制度；三是突出智库成果的公共性，以研究重大理论和实际问题为主攻方向；四是利用数据平台、智能平台，创新皮书内容创作、生产、发布方式；五是把质量作为皮书的“生命线”，高度重视报告的写作规范；六是建立科学的皮书成果评价体系，推进智库共同体成长。

社会科学文献出版社副总编辑、皮书研究院院长蔡继辉公布了 2020 年版皮书的评价、评奖结果及截至 2021 年 9 月本年度皮书的出版情况。蔡继辉指出，参与 2020 年版评价的皮书共有 416 部，其综合评价得分平均分为 71.8 分，中位数为 72.0 分。共有 88 个单位获得了第十二届“优秀皮书奖”或者“优秀皮书报告奖”。其中，51 种皮书获得“优秀皮书奖”，63 篇报告获得“优秀皮书报告奖”。截至 2021 年 9 月 15 日，已出版的 2021 年版皮书仅为 185 部，皮书的出版进度较慢。针对目前皮书编辑出版中存在的问题，蔡继辉提出四条建议：第一，研创单位应与编辑做好沟通，预留充足的编校时间，保证皮书的出版质量；第二，把握好皮书的出版时间，版本与出版时间保持一致，以突出皮书的时效性和年度性；第三，参照《皮书手册》，严格遵守皮书的要件及规范性要求；第四，加强皮书的宣传推广，通过将大众媒体和自媒体相结合，提高皮书的影响力。

围绕大会主题，国际欧亚科学院院士、科技部二级专技、中国科学技术交流中心原三级职员赵新力做了题为“‘一带一路’与联合国”，中国社会科学院工业经济研究所副所长张其仔做了题为“在推动基础研究和应用研究融合发展中皮书如何发挥更大作用”，广州市社会科学院副院长许鹏做了题为“皮书的历史责任与时代担当”，中国社会科学院大学新闻传播学院教授、中国经营报社社长季为民做了题为“中国未成年人互联网运用状况十五年调查与探索”，云南省社会科学院党组书记、院长杨正权做了题为“发挥特色优势，奋力推进新型智库建设”，辽宁社会科学院副院长梁启东做了题为“成就品牌价值，塑造智库精品——从读者、作者、编者、评者四个视角纵看皮书”，吉林省社会科学院副院长郭连强做了题为“以高质量皮书促进吉林全面振兴、全方位振兴”，同济大学德国研究中心主任郑春荣做了题为“全力发挥皮书的咨政启民功能：‘德国蓝皮书’十年研创之路”，青岛电影学院副校长卢斌做了题为“全球电影产业与电影生态”，中科网联数据科技有限公司副总裁牛存有做了题为“内容领域的声音转向、无处不在的声音世界——中国音频传媒市场价值”的主题发言。

平行论坛主题鲜明、内容丰富

皮书年会的平行论坛为皮书研创、皮书高质量发展、皮书课题组和智库机构研究成果交流提供重要的平台。此次年会设置了6大平行论坛，分别以“新起点、新征程中的经济发展与皮书研创”“健康中国与绿色发展中的智库行动”“皮书研创与新时代社会治理”“传媒产业的新趋势、新挑战、新机遇”“国别区域与全球治理类皮书的研创与传播”“‘十四五’时期的城市发展与皮书研创”为主题。

中国社会科学院旅游研究中心主任宋瑞、甘肃省社会科学院副院长王俊莲、中共温州市委党校（温州市行政学院）副校（院）长王健、中国社会科学院日本研究所原副所长张季风等45位专家分别在不同的平行论坛做了精彩发言。平行论坛的会议成果将分期在《皮书通讯》上刊载。

立足新阶段，展现新作为，第二十二次全国皮书年会圆满闭幕

广州市社会科学院党组书记、院长张跃国在总结讲话中指出，本次年会主题设置具有现实针对性和未来前瞻性，围绕皮书在经济社会发展、国家治理以及智库建设中的作用，皮书内容质量的提升，皮书的传播等议题进行讨论。会议形式别致多样、内容丰富多彩；流程顺畅、节奏感很强，展现了务实、高效的良好会风，营造了开拓创新、合作进取的研究氛围；会议关注度高、社会影响力大，中央、港澳等驻穗媒体以及省、市主流媒体反响热烈，并作了精彩报道，会议的品牌影响力得到进一步彰显。

闭幕式举行了皮书年会会旗交接仪式。江西省社会科学院院长蒋金法作为第二十三次全国皮书年会承办方代表接受皮书年会

会旗。蒋金法院长指出，江西是中国红色基因与红色资源最丰富的省份。南昌是人民军队的摇篮，井冈山是中国革命的摇篮，瑞金是共和国的摇篮，安源是中国工人运动的摇篮。井冈山精神、苏区精神、长征精神都是从江西产生，形成了共产党的精神之源。江西也是中国传统文化非常丰富的省份。江西诞生了宋代文化、庐陵文化、陶瓷文化等。同时，江西是中国第一批国家生态文明试验区，目前已成为美丽中国的典型样本，森林覆盖率超过63%。在习近平总书记“绿水青山就是金山银山”理念的指导下，江西不断发挥自己的资源优势，形成本省的发展特色，GDP在全国的排名从“十三五”初期的第21位，上升到“十三五”末期的第15位，2021年上半年居于全国第14位。江西省社会科学院在重视基础学科研究基础上，不断夯实作为省委省政府思想库、智囊团的作用，撰写的30多篇报告得到中央领导和省委省政府主要领导的批示。蒋金法院长强调了皮书作为智库成果对于咨政建言的重要作用和重大意义，并代表江西省社会科学院向与会的专家、学者发出诚挚邀请，对举办第二十三次全国皮书年会提出殷切期望，期待各位专家学者明年再次相聚于南昌。

社会科学文献出版社社长王利民在闭幕致辞中指出，皮书年会不仅是皮书主编、作者一年一度的聚会，更是中国智库界、哲学社会科学界的一大学术盛宴。王利民社长表示本次皮书年会后，社会科学文献出版社会积极落实和吸收会上中国社会科学院、皮书专家、皮书主编对皮书研创出版工作提出的意见和建议，进一步优化皮书的选题结构，进一步提升皮书的内容质量和影响力，建立健全皮书科研和管理体制机制，为繁荣中国学术、发展中国理论、传播中国思想积极做出贡献，推出更多优秀的智库成果。

本次年会围绕“全面建设社会主义现代化国家新征程中皮书发展的新任务、新目标”为主题进行研讨，既有高水平的学术报告，又有高质量的主题报告，还有精彩纷呈的平行论坛，各皮书研创单位进行了充分的交流和讨论。新华社、《光明日报》、《经济日报》、中新社、《中国社会科学报》、《中国新闻出版报》、人民网、《南方日报》、广东电视台、《广州日报》等媒体对本次会议进行了报道。

国际欧亚科学院院士、科技部二级专技、中国科学技术交流中心原三级职员赵新力，江西省社会科学院院长蒋金法，中国社会科学院人口与劳动经济研究所党委书记钱伟，中国社会科学院新闻与传播研究所所长唐绪军，河北省社会科学院二级巡视员王金华，贵州省社会科学院党委书记吴大华，中国社会学会秘书长、中国出版协会第七届理事会副理事长、中国管理科学学会副会长谢寿光，云南省社会科学院党组书记、院长杨正权等皮书研创单位负责人、皮书主编或副主编、皮书课题组代表、相关领域研究专家、媒体代表以及社会科学文献出版社皮书编辑、皮书研究院特约研究员等近 400 人参加了本次皮书年会。

第二十三次全国皮书年会拟于 2022 年在江西南昌举办。

学术报告

当前的社会形势和发展趋势*

李培林**

摘　要： 居民收入、就业、物价、收入分配和社会心态五个因素会对社会形势产生重要影响，本文主要就居民收入、就业、物价、收入分配四个客观因素对当前的社会形势和发展趋势进行分析。从居民收入方面看，城镇居民人均可支配收入逐年增长，但最终消费率和居民消费率偏低，其中，住房消费在居民的日常消费中占很大的比例。从城镇化方面看，常住人口城镇化率和户籍人口城镇化率逐年增长，城镇化的发展带来了产业结构、职业结构的变化。从就业方面看，农民工总量首次出现下降，工业服务业一线工人减少，新零工经济、灵活就业不断增长。从收入分配来看，改革开放以来，我国基尼系数呈现波动式上升趋势，超过了北欧、日本等国家。

* 本文根据作者在第二十二次全国皮书年会开幕式上的学术报告内容整理而成。

** 李培林，十三届全国人大常务委员会委员、社会建设委员会副主任委员，中国社会科学院学部委员。

关键词： 居民收入　就业　物价　收入分配

1991 年中国社会科学院出版了第一本蓝皮书——“经济蓝皮书”，该蓝皮书对中国经济形势进行分析与预测。1992 年，国家规划国民经济和社会发展，所以委托中国社会科学院社会学研究所筹备《社会蓝皮书：中国社会形势分析与预测》（以下简称“社会蓝皮书”）。与经济形势相比，社会形势更难分析，当时领导人讲话和文件里提到过经济形势、政治形势和军事形势，然而从来没有提到社会形势，“什么叫社会形势？”这一问题亟待回答。经过学界广泛的讨论，最后将社会形势定义为“关于社会领域的改革发展和稳定的现状和趋势”。

导言：社会形势的关键影响因素

在“社会蓝皮书”长达 30 年的研创过程当中，我们也在不断地摸索分析社会形势的方法。到底怎么分析社会形势？现在来看，有五个因素会对社会形势产生关键性的影响，即居民收入、就业、物价、收入分配和社会心态。

首先对这五个影响因素做一个简单阐述。在这些因素中，社会心态是一个主观指标。过去其他国家分析社会形势时没有将主观指标作为分析变量，但是后经研究发现，人们的心态也受突发事件、舆论等其他因素的影响，因此将社会心态看作一个独立的变量。

经济学中有一个概念与社会形势有关，即菲利普斯曲线，这一概念被用来描述失业、就业和通货膨胀之间此起彼伏的关系，即当经济形势不好、失业率高时，经济就会偏冷，通货膨胀率也就比较低；失业率低时，通货膨胀率就比较高。但是这也不是一个绝对性的规律，有的时候会出现滞胀的情况，即失业率和通货膨胀率双高，这种现象被经济学家阿瑟·奥肯称为“痛苦指数”。如果失业率高、通货膨胀率也高，那么这个社会一定会产生极大的问题。例如美国最近大量印制钞票，通货膨胀率升高，失业率也没有明显转好，这实际上对美国社会造成了极大的影响。

近 30 年来，我们一直在讨论经济形势和社会形势到底有什么关系？“社会蓝皮书”的主要创始人陆学艺曾提出：经济好，社会未必好。我们发现有时虽然大规模搞建设，经济增长很快，但也会出现大量争土地、上访等群体事件，社会反而显得很不稳定。同时他也认为：经济不好，社会好不了。拉美学者也曾提出，在人类社会推进的过程中，有时会出现“有增长而无发展”的现象，经济增长很快，但是社会发展的结构性的转变指标没有明显的同步增长。现在我们可以在此基础上加一句，在经济增长放缓时期仍然可以实现社会结构改进。也就是说，虽然现在经济增长下滑的压力比较大，但与此同时城市化进程还是按照原来的速度展开，并没有明显的收缩。因此可以说在经济增长放缓时期，如果我们做得好，也可以实现社会结构的极大改进。当然影响社会形势的变量很多，本文将主要从居民收入、城镇化、就业、收入分配四个方面，重点分析当前的情况和预测未来的趋势。

一　人民生活：收入和消费

改革开放 40 多年来，国内生产总值年均增长 9.56%，人均国内生产总值从改革开放初期的 150 多美元增加到 2020 年的 1 万多美元，这是一个巨大的跨越性飞跃。这是什么概念？我们现在还在做一个比较长期的项目，即把中国与其他两个金砖国家俄罗斯和巴西比较。2010 年，俄罗斯和巴西的人均国内生产总值早就超过 1 万美元，中国此时的人均国内生产总值只有 4000 多美元，还不到它们的一半，也就是说它们在我们眼里是已经实现了工业化、城市化的国家，中国还在往那个方向努力；但是到 2020 年，俄罗斯的人均国内生产总值仍然在 1 万美元以上，巴西的人均国内生产总值从 1 万多美元跌回到 7000 多美元，而此时中国的人均国内生产总值第一次超过了俄罗斯的人均国内生产总值。

（一）城乡居民收入增长情况

如图 1 所示，中国国内生产总值增长率下行非常明显，但是现在城镇居民人均可支配收入和农村居民人均可支配收入仍然在同步增长，增长速度和国内生产总值增长速度相差不大，但是十几年来农村居民人均可支配收入增长率一直高于城镇居民人均可支配收入的增长率。纵观改革开放 40 年，在改革开放初期，农村居民人均可支配收入是高于城镇居民人均可支配收入的，中间相当长一段时间城镇居民人均可支配收入一直高于农村居民人均可支配收入，而近十几年又呈现农村居民人均可支配收入高于城镇居民人均可支配收入的态势。因此，只要居民收入一直保持普遍增长，人们的信心就不容易动摇；居民收入一旦停滞，而与此同时生活消费价格却在上涨，人们的心态马上就会发生非常大的变化。

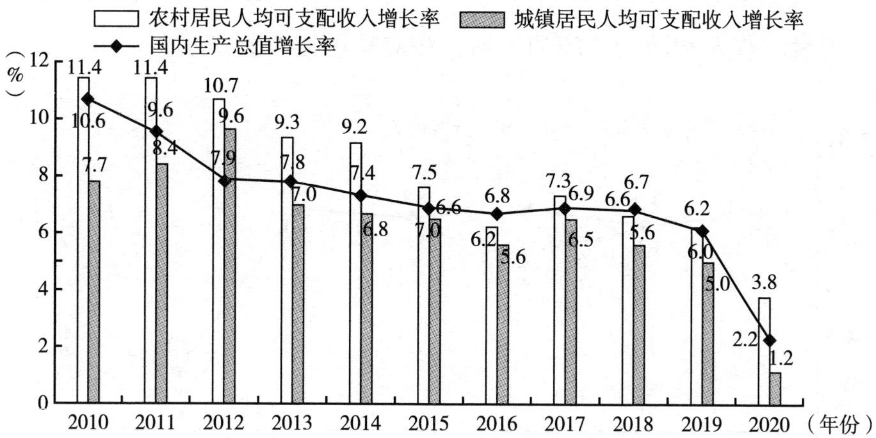

图 1　2010~2020 年城乡居民收入增长情况

资料来源：《中国统计年鉴 2021》。

（二）收入平均数和中位数

这些年来，特别是参考国外的情况，国家统计局也开始公布全国居民可支配收入平均数和中位数增长率的变化情况。如图 2 所示，我国居民可支配收入中位数的增长率虽然有所变化，但是居民可支配收入中位数的绝对水平一直在上升。反观如今的美国和欧洲一些国家，其国内中产阶级群体缩小，一个很重要的标志就是居民可支配收入中位数的下降，而这个与现在民粹主义的兴起有极大的关系。最近两年，特别是 2020 年，由于新冠肺炎疫情的影响，中国居民可支配收入中位数的增长率明显出现了大幅度的下降，但是还没有出现绝对水平的下降，这也是保证居民收入及社会生活基本稳定的一个很重要的因素。经济学原理中有一条是“收入决定消费”，而近年来社会学者认为消费行为并不完全由经济因素决定。收入是一个基本的决定因素，有收入才有消费，但除此之外还有消费的理念偏好等因素。收入和消费之间的关系，相对来说比较复杂。

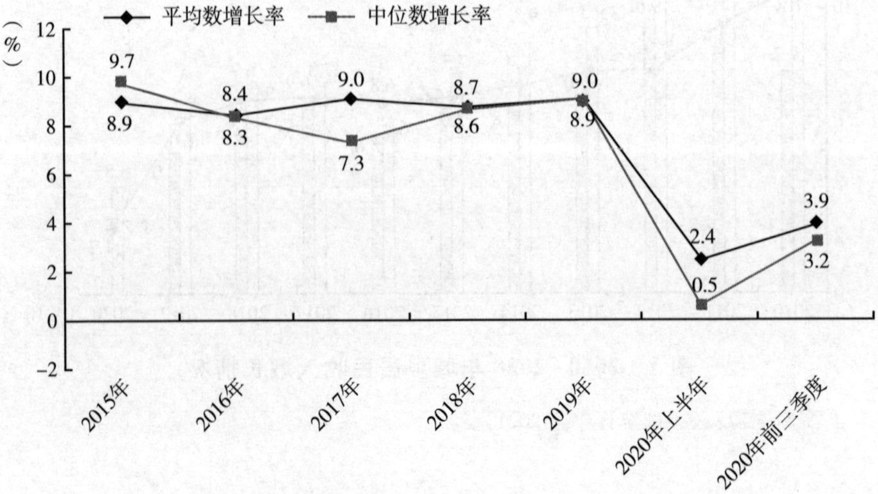

图 2　全国居民可支配收入平均数和中位数增长率

资料来源：国家统计局网站。

如图 3 所示，2020 年我国社会消费品零售总额的增长率有一个断崖式的下降，在上年大幅度下滑的基础上，2021 年 1～8 月有了较小的恢复，同比增长 18%，比 2019 年同期增长了 8%。这个 8%听起来和国内生产总值的增长率大体相吻合，但过去的经验是消费总额的增长率要高于国内生产总值的增长率两个百分点才算理想，因此，国家也在采取很多的措施来促进消费。在新的发展阶段，经济发展的动力已经发生了非常深刻的变化。由于出口和投资对经济的拉动作用在减弱，中国国内消费对经济增长的贡献达到60%以上，个别年份甚至超过70%，所以我们现在把国内消费作为经济增长的基础性力量。从整个国家来看，消费率偏低，这里的消费率指的是“最终消费率”，包括所有的消费，如居民消费和政府消费。通过观察我们发现，从1979年开始，消费率逐年下降。

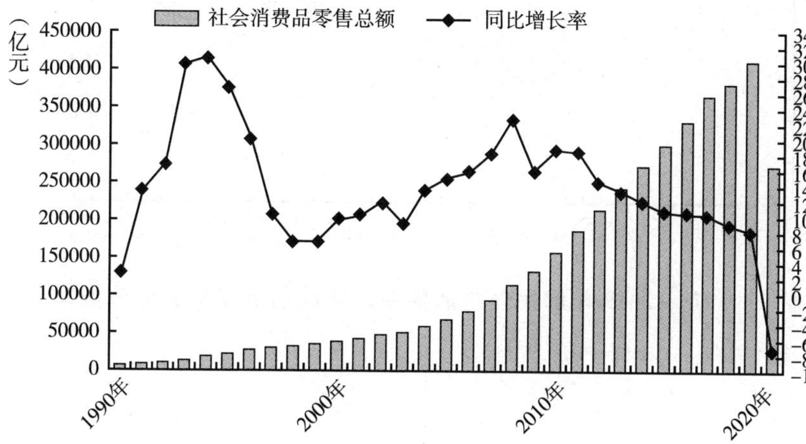

图3　我国社会消费品零售总额的变化

资料来源：国家统计局。

这个现象很值得探讨，有一种说法是中国人愿意且习惯储蓄，虽然我国的储蓄率比其他国家，尤其是发达国家高，但是消费率却较低。从文化上讲，发达国家（比如美国）是借下一代人的钱来花，即借贷消费，而中国人是存着钱给下一代花，但是这种说法也比较勉强，不能够完全解释中国消费率低的现象。如图4，2019年中国居民消费率为38.8%，低于一般发展中国家的平均水平；和发达国家的居民消费率相比，美国居民消费率是68%，德国居民消费率是52%，韩国居民消费率是49%。也就是说，即使我们和同属于儒家文化圈的韩国相比，我们的居民消费率也还是偏低的。

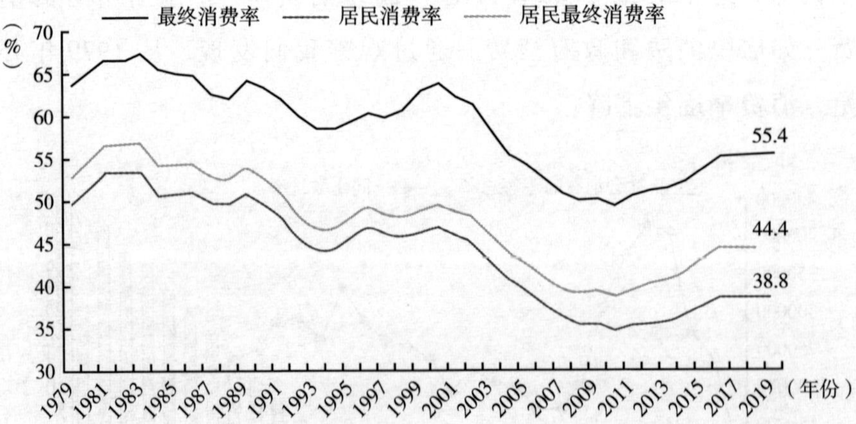

图 4　1979~2019 年居民最终消费率、居民消费率和最终消费率

资料来源：国家统计局。

（三）我国居民住房消费的巨大影响

当然还有一种说法比较可信，即其他一些重要的消费对我们有较大影响，例如住房消费。住房消费在中国是一种很特殊的消费，中国人买房子的热情和投资的欲望非常强烈，与其他国家相比，这成为我国非常独特的消费影响因素。中国银行的数据显示中国家庭住户贷款占存款的比例从 2012 年的 39. 34%迅速攀升到 2019 年末的 75. 4%，几乎翻番；房贷的债务率也由 2012 年的 19. 75%增长到 2019 年的 55. 8%，也就是说近年来家庭的负债率在急速地升高，而增加的债务主要来源于买房子的贷款。

中国人民银行《2019 年中国城镇居民家庭资产负债情况调查》数据显示：2019 年我国城镇居民家庭的实物资产（不含货

币、债券）所占比例较大（79.6%），金融资产所占的比例为20.4%，而在实物资产中，居民住房资产占家庭总资产的比例为59.1%。住房消费现在成了影响我们国家经济、社会和消费的一个非常关键的因素。人们存了半辈子的钱都拿去买房子，买房子虽然可以加强当前的消费，但是对于长期的一般消费会产生重大的、决定性的影响，这也是国家强调“房住不炒”的原因。

二　城镇化和职业结构

城镇化对社会形势的稳定具有重要影响。图5的两条曲线分别表示常住人口城镇化率和户籍人口城镇化率。户籍人口城镇化率由公安部统计，从2010年到2020年当中，户籍人口城镇化率从34.5%增长到45.4%，大概增长了10.9个百分点，和常住人口的城镇化率几乎保持了同步的增长，这是近年来才有的一个现象。

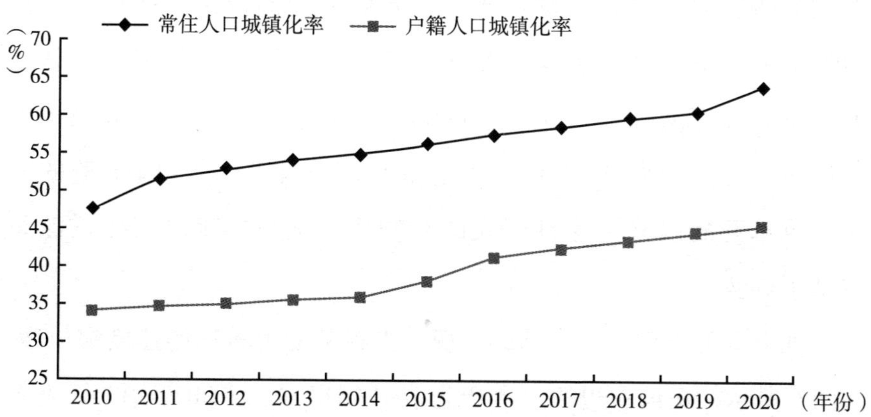

图5　2010~2020年常住人口城镇化率和户籍人口城镇化率

资料来源：国家统计局。

我们将农村户籍但在城市里工作和生活了半年以上的农村人口定义为城镇常住人口，农民工也包括在内，2020 年中国的常住人口城镇化率达到了 63.9%。在一个相当长的时期内，我国的城镇化率相对来说较稳定，即使近两年受到疫情的影响，我国的经济增长速度放缓，也并没有导致这个数据出现显著变化。当然现在也存在一个问题，农民对获得城镇户籍并没有很高的积极性。这是因为乡村振兴战略的实施导致农村土地特别是临近城市的土地和住宅价格上升，农民更不愿意丢失农村户籍；而且现在城市也面向农村户籍开放学校、幼儿园等资源，城市（特别是小城市）户口的含金量也在降低。

（一）产业结构、职业结构和劳动生产率

随着城镇化的开展，职业结构也发生了变化，目前职业结构的变化虽说基本上是按照现代化的发展规律展开，但也带来了非常深刻的影响。随着国家现代化的发展，我们设想的职业结构比例基本上是第一产业和第二产业就业人员要缩小，第三产业就业人员要大幅度增加。发达国家的第三产业就业人员占职业结构的比例在百分之七八十以上，这也是我国未来职业结构调整的方向。改革开放以来，这种巨大的结构化变动也的确给我国的改革带来了动力。

如今我国出现了一个新的情况：农村劳动力转移的速度在放缓。如图 6 所示，在最右边的三次产业结构 GDP 中，2020 年第一产业增加值占国内生产总值的 7.7%。我们本来以为第一产业增加值每年下降一个百分点，没几年也会和发达国家一样，第一产业增加值只占国内生产总值的 1%~3%，但是现在降至 7.7%就稳定了，大概有五

年没有明显变化。从职业结构的变化来看，2020 年第一产业就业人员占全国就业人员的比例为 23.6%，这个比例仍然非常高，这便意味着农民必须有非农的收入才能够达到社会的平均生活水平。

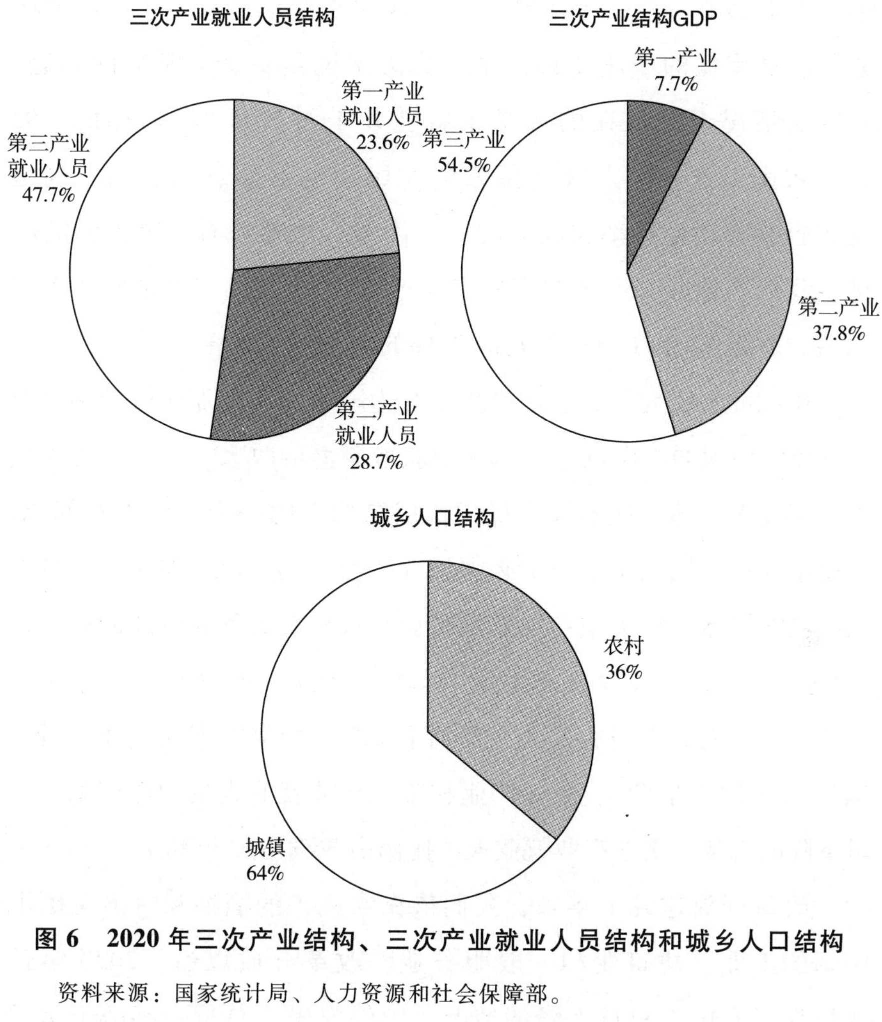

图 6　2020 年三次产业结构、三次产业就业人员结构和城乡人口结构

资料来源：国家统计局、人力资源和社会保障部。

（二）农民工总量首次出现下降

现在面临的一个新问题是：农村劳动力的转移速度在放缓，

但是劳动力从第二产业向第三产业的转移速度没有放缓，这带来了一个新的负面影响，即劳动生产率增速的下降。而改革依赖于劳动生产率的提高。原来是劳动力从第一产业（农业）往第二、第三产业转移，生产率不断提高，现在是劳动力从生产率高的产业往生产率低的产业转移，这对我国来说是一个非常大的问题。从现实情况看，现在的大学生就业几乎没有从事工业的，"95后"农民工这一代人既不愿意当农民，也不愿意当工人，这是现在影响劳动生产率比较大的一个因素。当然还有一个大的问题是，我们要依靠23.6%的第一产业劳动力产出7.7%的国内生产总值，并且养活占全国总人口36%的农民（5亿多人）。

中国的农民为什么不能像其他发达国家的农民那样成为中等收入群体？中国的农民仅靠种几亩地获取微薄的收入，完全不可能成为中等收入群体。这不仅是我国阶层结构上的一个比较大的问题，也是中国走向现代化过程中必须想办法解决的问题。如今，乡村振兴战略能够逐步解决城乡发展不平衡、农村发展不充分的问题，以此推动和实现农业农村的现代化。如图7所示，近10年来，中国第一产业就业人员比例从35%下降到了24%，而第二产业就业人员比例从30%下降到29%，第一产业和第二产业就业人员的比例基本上呈下降的态势，第三产业就业人员比例由36%增加至48%。

改革开放这几十年来，我们依靠农民工的牺牲和付出支撑了中国的工业、建筑业和一般服务业。改革开放以后，2020年首次出现了农民工总量下降的情况。曾经农民工总量一年增长超过1000万人，后来降到每年增加几百万人，2020年一年农民工总量下降了517万人（见图8）。农民工总量下降是受新冠肺炎疫情等特殊事件的影响，还是长期趋势的转折点和开始，尚未定

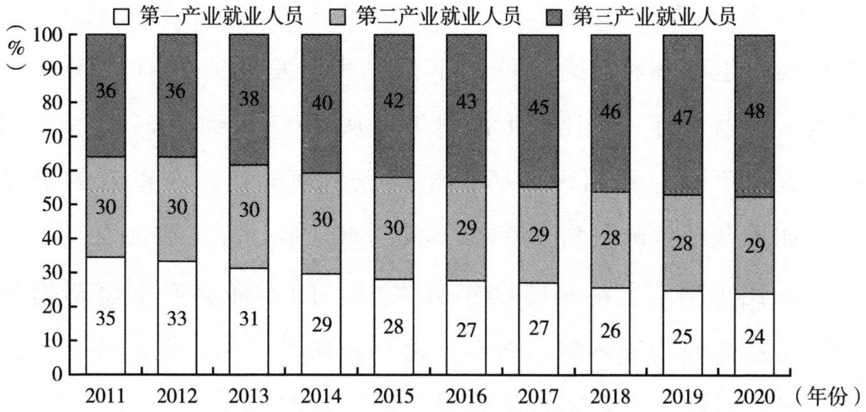

图 7　2011~2020 年中国三次产业就业结构比例变化

资料来源：国家统计局。

论。因为农民工总量下降对就业及其他方方面面的影响非常大，我们还在认真地观察。因为 2021 年农民工总量的数据还没有公布，这是一种转折点的可能性仍然存在。

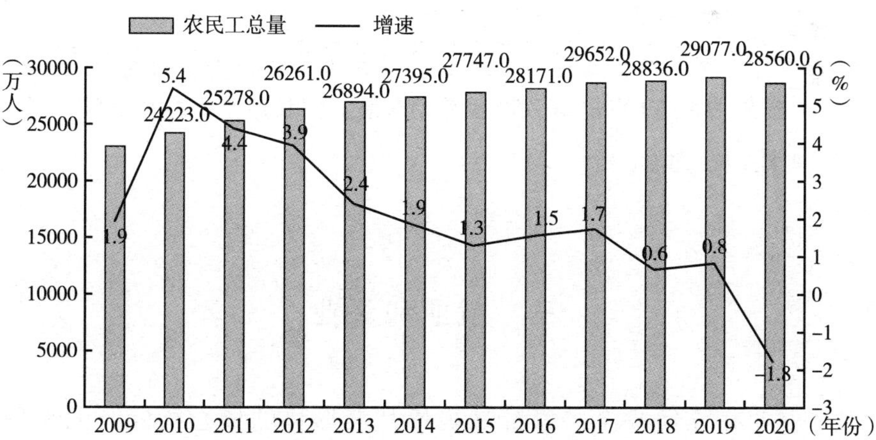

图 8　2009~2020 年中国农民工总量变化

资料来源：国家统计局。

图 9 是 16~59 岁及 20~59 岁劳动年龄人口长期变化趋势，按照当时生育率和生育高峰的推论，我们发现到 2021 年劳动年龄人口净增长有一个比较大的滑坡。从 2012 年到 2021 年，劳动年龄人口不但总量出现转折，比例也出现转折。在正常的情况下，如果劳动年龄人口总量每年减少 400 多万人，那么农民工总量（农民工基本上都是劳动年龄人口）的下降会产生短期趋势影响还是长期趋势影响，尚未定论。如果是产生长期趋势影响的话，那么对整个产业的影响将是非常深远的。

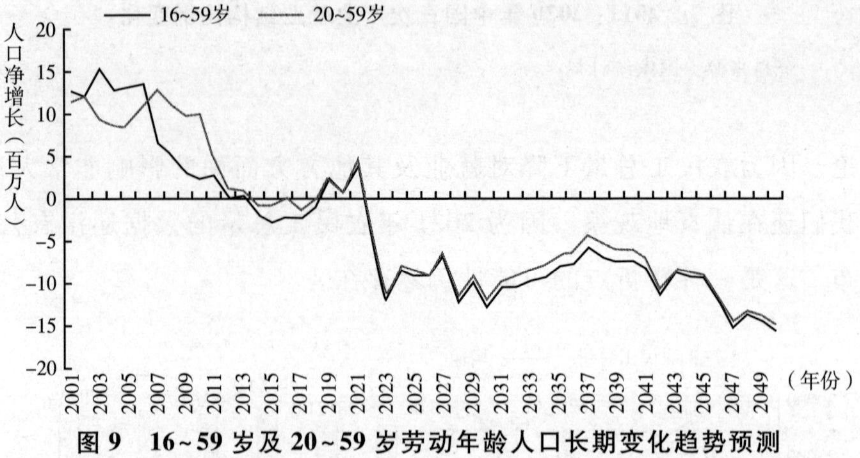

图 9　16~59 岁及 20~59 岁劳动年龄人口长期变化趋势预测

资料来源：笔者自制。

三　就业和失业

就业在任何一个国家都是衡量社会形势的核心指标，无论是在社会主义国家还是资本主义国家，就业都是政府的政绩核心。例如对于美国政府，失业率非常关键，只要失业率上升了，支持率便会明显下降。中国政府也高度重视就业和失业问题，过去我国对失业情况调查长期使用的一个指标叫作城镇登记失业率，大概十年前学界开始呼吁政府公布该指标的调查情况，政府也逐渐调整，每月向社会公布由统计局调查的城镇调查失业率情况。

图 10 显示的是 2019 年 9 月到 2021 年 7 月的全国城镇调查失业率与全国 16~24 岁人口城镇调查失业率的变动情况。由图 10 可看出，全国 16~24 岁人口城镇调查失业率远远高于全国城镇调查失业率，这不仅是其他国家的一般规律，中国也遵循此规律。

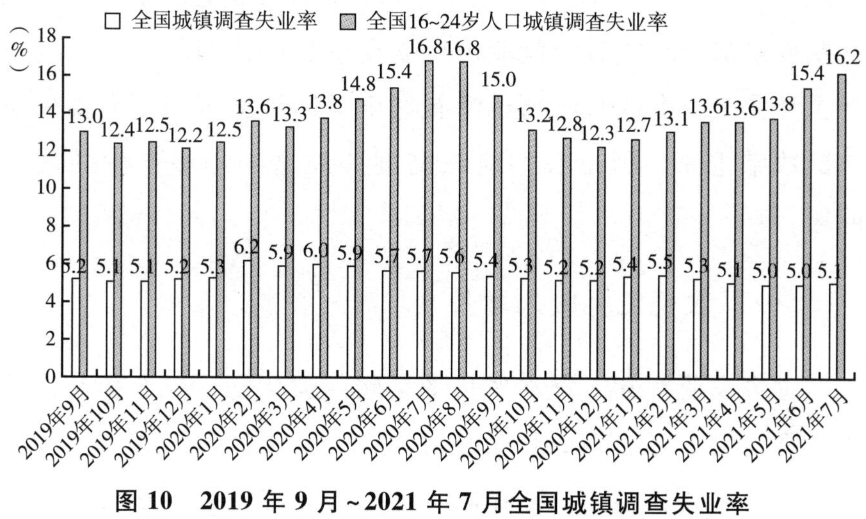

图 10　2019 年 9 月~2021 年 7 月全国城镇调查失业率与全国 16~24 岁人口城镇调查失业率

资料来源：国家统计局。

新冠肺炎疫情以来，全国城镇调查失业率已上升到 5%以上，2020 年 2 月达到了 6.2%，为最高点，2020 年 6 月又恢复到 5.7%[①]。单看全国城镇调查失业率，这个问题好像还没有那么严重，它

① 《国家统计局相关负责人解读 2020 年主要经济数据（下）：基本民生保障有力　制度优势充分展现》，中国经济网，2021 年 1 月 20 日，http：//www.ce.cn/cysc/newmain/yc/jsxw/202101/20/t20210120_ 36240241.shtml。

在5%上下波动。但近来媒体、著名学者都针对就业问题发出了很强烈的信号，认为现在这个问题正在变得严重。一方面是因为2021年上半年经济增长恢复得很好，另一方面是因为2021年七八月份以来，经济出现了一个显著的、恶化的趋势。出口贸易曾拉动国民经济快速增长，但现在国际运输价格上涨，这对我国很多外贸企业造成了致命性的打击，出口贸易对经济的拉动作用明显减弱。另外，在新冠肺炎疫情的影响下很多中小企业扛了两年，实在扛不下去了，现在也只好退出市场。以上这些因素都会对之后的就业产生重要的影响，当然这些最近一两个月发生的事件的影响还没有完全反馈到全国城镇调查失业率的数字上来，但是我们应该高度关注这一趋势产生的就业问题。

（一）农民工月收入增长

过去失业率和工资水平几乎是此起彼伏的：失业率高，工资水平就会下降。例如企业经营困难，就压低人工成本、降低工资，大家共渡难关。现在国有部门不允许工资调整得这么灵敏，但农民工的工资是市场比较灵敏的反应信号。按照以前的规律，农民工的工资应该下降，但是2015年以来农民工人均月收入增幅一直没有明显的变化（见图11）。2020年全国农民工人均月收入比上年增长2.8%，2021年全国农民工人均月收入增长8.8%。这实际上和从事工业、服务业一线的劳动力供给减少，包括农民工总量的减少有关。例如广东省的很多制造业流水线的企业，很难招到人，这也是此次经济变化的一个特殊现象。

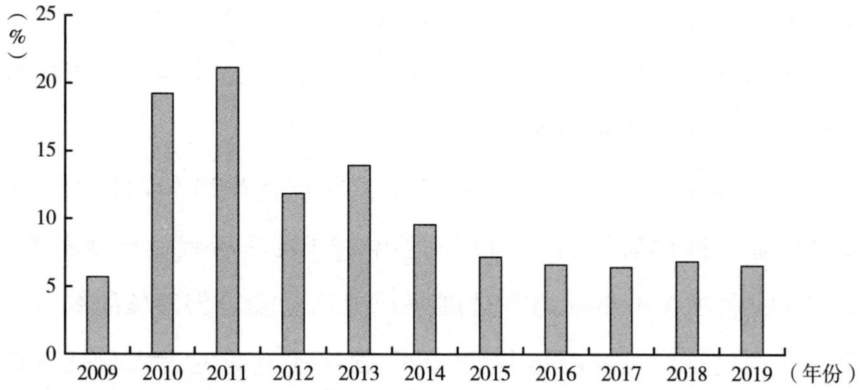

图 11　2009~2019 年中国农民工人均月收入增幅

资料来源：国家统计局。

另一个对提高就业率有帮助的因素就是与经济和互联网相联系的新型就业机会大幅度增加，而且成为新一代农民工热衷的新就业领域。新型就业虽然辛苦、挣钱不多、劳动保险也不稳定，但是工作时间自由、劳动自主，新农民工觉得和在流水线工作不一样。当骑手送外卖随时都可以看手机、看微信，而不像流水线工作那样连上厕所都会受限制，新农民工觉得这完全是一种生活方式的变化。从 2014 年到 2020 年，中国社交电商行业从业人数大幅度增长，从 1000 多万人增加到 7000 多万人，和互联网相联系的新灵活就业人员达到约 2 亿人，与全国 7 亿多的就业人员相比，这种爆发式的增长是一个新的现象。

（二）新零工经济、灵活就业不断增长

全国人大现在正在讨论如何立法以完善新灵活就业人员的劳动保障，学界也有很多不同的观点，到底是应该严格一点，还是

给他们一点弹性？法律上应该如何规定才能既保护新灵活就业人员的权利又同时促进行业内的快速有序发展，这是当下经济社会适应性阶段的一个新的课题。

2020 年 11 月 2 日，智联招聘正式发布《2020 年白领秋季跳槽及职业发展调研报告》。报告指出，白领灵活就业已成趋势，18.7%的白领在一年内拥有过副业或灵活就业，57.1%的有过副业的白领仍认为主业不可替代[①]。白领灵活就业的方式包括自媒体/个人 IP（博主、UP 主、开公众号等）、产品销售型（个人微商、卖保险、电商等）、劳动输出型（开滴滴或代驾、送快递和外卖等）、技能输出型（设计作图、稿件撰写、视频编辑、翻译等）和投资经营型（实体店铺经营、股票/期货/基金/虚拟货币投资等）（见图 12）。自媒体行业是一个迅速发展的行业，我们也称其从业者为新白领，因为这和我们传统认识上的白领社会阶层的差异比较大。

（三）失业和招工难并存：就业的“去工业化”

同时，我们也要警惕中国的就业过早的“去工业化”现象，2020 年上半年广东省制造业“招工难”的问题仍然比较突出，甚至在每月工资较上年上涨 1000 元的情况下，也招不到人。即使招到人了，也要警惕其他厂挖人。制造业没有充分的劳动力供给，且现在的新一代劳动力又不愿意从事制造业，这对广东省现在的制造业产生了很大的影响。即使在过去就业问题比较严峻的

① 《报告：近 2 成白领在一年内拥有过副业或灵活就业》，百度，2020 年 11 月 2 日，https：//baijiahao. baidu. com/s？ id=1682228837390516358&wfr=spider&for=pc。

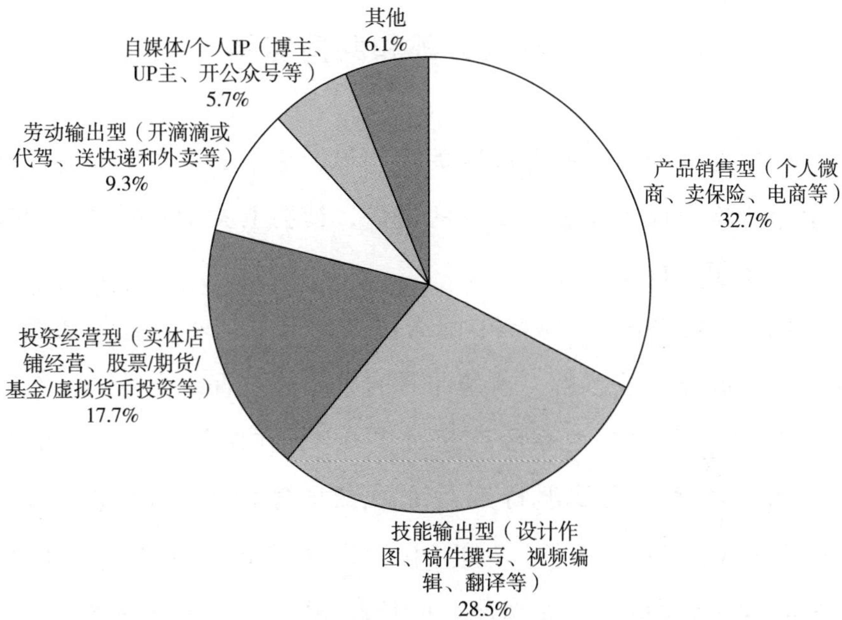

图 12　2020 年中国白领群体灵活就业方式分布

资料来源：智联招聘。

形势下，也没有出现过这种“失业”与“招工难”并存的现象，就业本身的“去工业化”是一个比较危险的趋向，我们国家应该认真解决这个问题。

900 万大学毕业生是目前新生代劳动力市场主要的劳动力供给，但是大学毕业生进入工厂就业的比例非常低，并且现在“95 后”的农民工也不愿意去工厂就业，那谁去呢？在这种情况下，提高工业流水线的工资待遇、技能水平以及改善劳动环境，适应青年的要求做一些新的变动，显得十分重要。

四　收入分配和共同富裕

中央对共同富裕问题高度关注，习近平总书记在中央财经委员会第十次会议上发表了重要的讲话，社会上关于共同富裕的议论观点也很多样。

图 13 为 2003~2018 年中国居民人均可支配收入基尼系数变化趋势，改革开放以后，这条曲线的大趋势是直线上升的，在短短的 20 年里我国基尼系数就超过了 0.4，在国际上和美国的基尼系数差不多，比欧洲特别是北欧的国家以及亚洲许多国家（如日本等）高出很多。2008 年，中国基尼系数达到了顶点 0.491，2008 年以后开始回落，但是在 2018 年又出现翘尾。

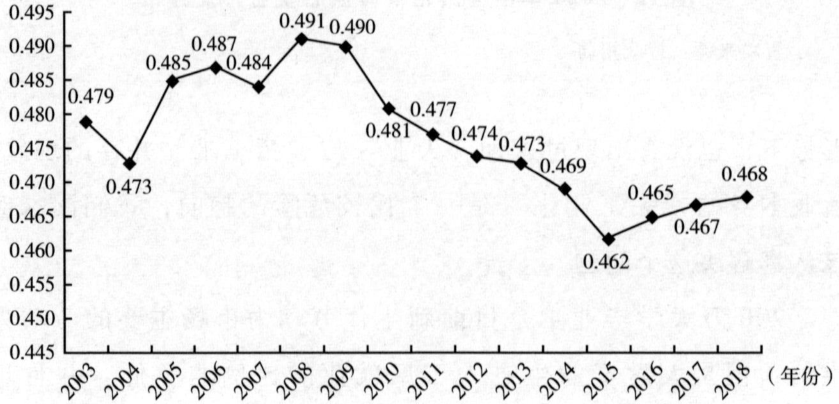

图 13　2003~2018 年中国居民人均可支配收入基尼系数变化趋势

资料来源：国家统计局。

（一）关键因素：城乡差距

城乡差距是影响收入分配最大的因素，根据泰尔指数的分解，可以解释整个收入差的 40%。图 14 曲线呈现的是 2000~2019 年全国城乡居民人均可支配收入差距倍数的变化，近年来城乡居民人均可支配收入差距倍数一直下降，没有出现翘尾。出现这种趋势的可能性是影响因素在发生变化，即城乡差距和地区差距的影响在减弱，而个人之间收入差距的影响在加大。

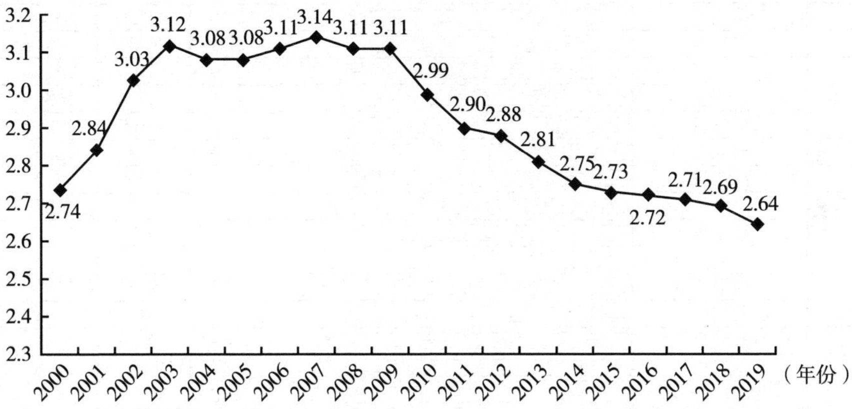

图 14　2000~2019 年全国城乡居民人均可支配收入差距倍数

资料来源：国家统计局。

如表 1 所示，2020 年各省市城乡居民人均可支配收入差距倍数最小的省份（不计直辖市）是黑龙江省和浙江省，但这两个省份情况不一样：黑龙江省的城市人口比例高，且城市人口工资水平不高，又是农业大省，所以城乡人均可支配收入差距倍数小；而浙江省市区绝大多数地方的人均收入是在国家平均线之上的，同时一般民众很多也是小企业主，比较富有，因此浙江省的人均可支配城乡收入差距倍数也不高。所以无论是按近期计算，还是按城乡差距、地区差距计算，浙江省在各个省份都处于领先地位，所以国家把浙江省定为共同富裕示范区，也是有其基础考量的。

表 1　2020 年 31 个省份城乡居民人均可支配收入差距

单位：元

排序	地　区	城乡差距	城镇人均年可支配收入	农村人均年可支配收入
1	天津市	1.86	47659	25691
2	黑龙江省	1.92	31115	16168
3	浙江省	1.96	62699	31930
4	吉林省	2.08	33396	16067
5	河南省	2.16	34750	16108
6	上海市	2.19	76437	34911
7	江苏省	2.19	53102	24198
8	湖北省	2.25	36706	16306
9	福建省	2.26	47160	20880
10	河北省	2.26	37286	16467
11	江西省	2.27	38556	16981
12	海南省	2.28	37097	16279
13	辽宁省	2.31	40376	17450
14	山东省	2.33	43726	18753
15	安徽省	2.37	39442	16620
16	四川省	2.40	38259	15929
17	广西壮族自治区	2.42	35853	14815
18	重庆市	2.45	40006	16361
19	新疆维吾尔自治区	2.48	34838	14056
20	广东省	2.50	50257	20143
21	湖南省	2.50	41698	16585
22	内蒙古自治区	2.50	41353	16567
23	北京市	2.51	75602	30126
24	山西省	2.51	34793	13878
	全　国	2.56	43834	17131
25	宁夏回族自治区	2.58	35720	13889
26	西藏自治区	2.82	41156	14598
27	陕西省	2.84	37868	13316
28	青海省	2.88	35506	12342
29	云南省	2.92	37500	12842
30	贵州省	3.10	36096	11642
31	甘肃省	3.27	33822	10344

资料来源：国家统计局数据库。

（二）促进中等收入群体成长

当然收入差距和我国中等收入群体的成长也有关系。我们强调共同富裕，不是历史上的“均贫富”“杀富济贫”，也不是说要平均主义、返回到“大锅饭”时代，更不是建立一个不可能实现的理想乌托邦。我们要承认，人是有差别的。人的禀赋有先天的差别，后天的能力、努力和对机会的把握程度也是有差别的，但是要将差别控制到什么程度？于我们而言，只有促进中等收入群体成长，形成大众消费，才能使经济有长期增长的发展动力。

图 15 为 1991~2019 年三种不同标准的中等收入群体的规模和变化趋势：实线是依据国际标准，按购买力平价计算，每人每天收入 10~100 美元为中等收入群体；虚线是中国国家统计局提出的标准，即家庭年收入 10 万~50 万元为中等收入群体。以上两者为绝对标准，还有一种相对标准，即按照收入中位数的 75%~200%划分，位于这个比例区间的为中等收入群体，按照这一标准，中国的中等收入群体差不多有 4 亿~5 亿人。

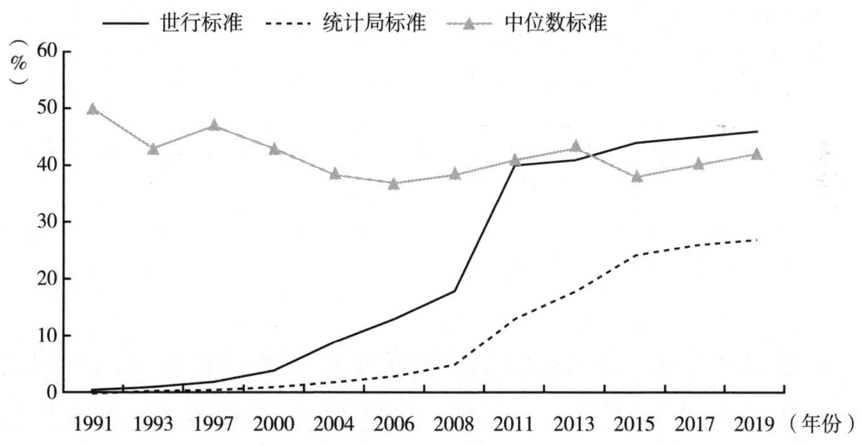

图 15　1991~2019 年三种不同标准中等收入群体的规模和变化趋势

资料来源：笔者根据公开数据自制。

如果按相对标准来算，中国的中等收入群体规模并不理想。参照表 2 中 2015 年中国、俄罗斯、巴西中等收入群体的比较数据，按收入中位数75%～200%的相对标准，中国的中等收入群体占比为38.2%，俄罗斯占比为56.5%、巴西占比为43.9%。三国收入分层的最大差别是，中国和巴西的高收入群体占比均高出俄罗斯十几个百分点，同时中国的低收入群体占比也高出俄罗斯和巴西不少，特别是中国的贫困人群占比高出巴西7.2个百分点，高出俄罗斯11.2个百分点。

表2　2015年中国、俄罗斯、巴西中等收入群体比较

收入群体		收入标准	百分比		
			中国	俄罗斯	巴西
低收入群体	极端贫困人群	中位数的25%及以下	12.6%	1.4%	5.4%
	脆弱人群	中位数的26%～75%	26.9%	32.5%	26.3%
中等收入群体 中国38.2% 俄罗斯56.5% 巴西43.9%	中下收入人群	中位数的76%～125%	20.2%	34.6%	24.2%
	中上收入人群	中位数的126%～200%	18.0%	21.9%	19.7%
高收入群体	富裕人群	中位数的201%～400%	16.4%	8.5%	16.1%
	高富人群	中位数的401%及以上	5.9%	1.1%	8.5%

资料来源：笔者根据统计资料自制。

建设中等收入群体依然任重而道远。我们要实现的共同富裕，不是历史上的“均贫富”，不能搞“杀富济贫”；不是计划经济的平均主义，不能回到“大锅饭”时代，也不是空想的乌托邦，是有差别、有效率、有激励、有机会公平的分配正义。共同富裕要做大蛋糕和分好蛋糕；要长期努力、扎实推进，不可能一蹴而就；要注重制度建设，改革完善收入和财富分配制度。

进入新发展阶段的市场主体*

高培勇**

摘　要：进入新发展阶段的中国，随着市场主体地位和作用获得前所未有的提升，市场主体越来越多地替代企业成为宏观经济分析的聚焦点，经济工作和宏观政策配置的出发点和落脚点也越来越向市场主体转移和集聚。以此为契机，如下两个方面的结果日渐显露：一方面，宏观经济分析越来越向微观层面深入，进而形成了以市场主体为重心的宏观政策和微观政策深度融合之势；另一方面，始终以市场主体为主线的"放管服"改革，越来越围绕为市场主体排忧解难、激发市场主体活力而向纵深推进。两个方面异曲同工且相互叠加，将深刻影响 2022 年以及今后一个时期的中国经济运行及其政策配置格局。

关键词：市场主体　宏观政策　微观政策　"放管服"改革　新发展阶段

* 本文根据作者在第二十二次全国皮书年会开幕式上的学术报告内容整理而成，刊发于 2021 年第 6 期《财经智库》，收录时略有改动。

** 高培勇，中国社会科学院副院长、中国社会科学院大学党委书记。

进入新发展阶段的市场主体需要我们投入更多精力和气力高度关注。这一方面是因为，市场主体正在成为宏观经济分析领域的一个高频词汇。每当论及宏观经济形势，说到宏观政策配置，甚至谋划进一步深化改革、扩大开放之策时，都绝对少不了“市场主体”这个字眼，市场主体都会被反复提及、应用；另一方面，市场主体正在进入宏观经济分析的重心地带，成为左右、主导宏观经济分析的一个关键词汇。无论是中国经济的韧性和潜力，还是说到跨周期和逆周期调节宏观调控政策的有机结合，抑或是关于保持经济运行在合理区间和社会大局稳定行动路线及其方案的确立，都要围绕市场主体的特点、市场主体的切身需求、市场主体的活力和内生动力展开。

可以做出一个基本判断，同市场主体地位和作用前所未有的提升如影随形，一个以市场主体为重心、围绕着市场主体而运行的经济工作和宏观政策配置格局，正趋于形成。

一　从企业到市场主体

那么，究竟什么是市场主体？

不能不承认，尽管市场主体的关注度如此之高，市场主体的地位和作用变得如此之重要，迄今人们对于市场主体的认知却并非十分清晰、准确。作为一个使用时间不长、迄今尚未正式收入各类经济辞典或其他辞书的概念，不少人将市场主体等同于企业来理解，甚至在市场主体和企业之间直接画等号。

这或许同既往以企业为重心的思维模式和分析习惯有关。然而，静心做一下企业和市场主体之间的比较分析，就会发现，两者绝非一回事。

在国家市场监督管理总局最近一次相关通报中同时提及了两个数字：4600 万企业和 1.5 亿市场主体。两个数字之间的巨大差距显然告诉我们，市场主体并不等同于企业。除了 4600 万企业之外，1 亿以上个体工商户以及 200 多万个农民专业合作社同样属于市场主体。

不久前颁布的《中华人民共和国市场主体登记管理条例》(国令第 746 号）明确规定，纳入市场主体登记管理范围的，不仅包括各类企业，也包括个体工商户和农民专业合作社等。需要注意的是，企业是指法人，市场主体除法人之外，也包括自然人。也就是说，举凡在我国境内以营利为目的从事经营活动的自然人、法人及非法人组织，都可以称作市场主体并纳入市场主体登记管理范围。

这是一个非同小可的变化。这种变化，说到底就是以个体工商户和农民专业合作社为代表且量大面广的小微经济体进入到宏观经济分析视域，由既往相对被忽略或不那么受关注向越来越成为宏观经济分析的聚焦点转变。

如果说既往的宏观经济分析习惯于“抓大放小”——聚焦于企业，侧重于 GDP 主要源泉的分析，那么，由以企业为聚焦点向以市场主体为聚焦点的伸展，意味着宏观经济分析视域和重心延伸至 GDP 所有源泉。换言之，在市场主体这一概念之下，不仅企业，而且包括个体工商户、农民专业合作社等在内的所有参与 GDP 创造的基本经济单元都已被全面覆盖。

引申一步说，随着市场主体越来越多地替代企业成为宏观经济分析的聚焦点，我国经济工作和宏观政策配置的出发点和落脚点也越来越向微观基础层面转移和集聚。所以，表面上是宏观经济分析视域和重心的伸展，实质是经济工作和宏观政策配置格局的调整和变化。

二 与进入新发展阶段直接相关

由企业向包括个体工商户和农民专业合作社在内的所有市场主体拓展，由关注、聚焦 GDP 创造的主要源泉到关注、聚焦包括小微经济体在内的 GDP 创造的所有源泉，发生在宏观经济分析上的这一重要变化，显然同我国进入新发展阶段所面临的新的国情背景直接相关。

新发展阶段之“新”，首先体现在发展目标的阶梯式递进上。新发展阶段是在全面建成小康社会、实现第一个百年目标之后，乘势而上，全面建设社会主义现代化国家、向第二个百年奋斗目标进军的阶段。认识到新发展阶段的发展目标是“全面建设社会主义现代化国家”而非“全面建成小康社会”，相对于“全面建成小康社会”，“全面建设社会主义现代化国家”是站在新的更高起点上所确立的更高发展目标，是要去“摸更高的房梁”。这既是实现从全面小康到现代化强国的大跨越，也是实现由追赶到引领的大跨越，亦是实现从高速增长到高质量发展的大跨越。就此而言，新发展阶段具有“高处不胜寒”的显著特征。

新发展阶段之“新”，还体现在发展环境所发生的深刻复杂变化上。就国际看，当今世界正经历百年未有之大变局。既往大环境相对平稳，现在则世界形势动荡复杂。既往我们同别人的互补性相对较多，现在则同别人的竞争性多起来了。就国内看，当今中国正处于实现中华民族伟大复兴进程的关键期。相对于既往发展水平较低，现在则发展水平提高了。相对于既往人民的需要和满足人民需要的制约因素主要体现在物质条件上，现在则是越来越多的人的生活重心从物质转向精神，从对数量的追求转向对质量的更高追求，发展中的矛盾和问题集中体现在发展质量上。复杂严峻的外部环境同处于各类矛盾多发易发期的内部环境相叠加，意味着新发展阶段是一个不稳定性、不确定性显著增加的阶段。

新发展阶段之“新”，也体现在我们面临的机遇和挑战所发生的新的变化上。新发展阶段虽仍处于重要战略机遇期，但无论机遇还是挑战，都有新的发展变化。相对于既往可以顺势而上，现在则要顶风而上。相对于既往机遇容易把握，风险挑战也容易识别，现在则把握机遇和识别风险挑战的难度明显加大。这种危和机并存、危中有机、危可转机的新形势、新变化，意味着新发展阶段面临的机遇更具战略性和可塑性，面临的挑战更具复杂性和全局性。

新发展阶段之“新”，亦体现在对新发展理念必须完整、准确、全面加以贯彻上。习近平总书记指出，“新发展理念是一个系统的理论体系”[①]。尽管关于新发展理念的内容表述未变，但有别于既往，新发展阶段贯彻新发展理念要坚持三个维度——从根本宗旨把握、从问题导向把握、从忧患意识把握。也有别于既往，新发展阶段贯彻新发展理念的目标要从“四更”扩展为

① 《习近平在省部级主要领导干部学习贯彻党的十九届五中全会精神专题研讨班开班式上发表重要讲话》，求是网，2021 年 1 月 11 日，http：//www.qstheory.cn/yaowen/2021-01/11/c_1126970872.htm。

“五更”——在更高质量、更有效率、更加公平、更可持续发展基础上添加了“更为安全”。还有别于既往，新发展阶段贯彻新发展理念的行动不仅要与时俱进，而且要更加精准务实，确保落实落细。所有这些都意味着新发展阶段要以努力实现更高质量、更有效率、更加公平、更可持续、更为安全的发展为大逻辑，在谋划好发展的同时，精心谋划好安全。

新发展阶段之“新”，又体现在构建新发展格局的出发点和落脚点大不相同于既往上。习近平总书记指出，“构建新发展格局最本质的特征是实现高水平的自立自强”①，绝非局限于经济视角、止步于宏观调控层面的宏观政策调整，其主攻方向是实现发展和安全的动态平衡。同时，构建新发展格局是一项事关全局的系统性、深层次变革，绝非局限于经济领域、止步于经济体制层面的改革行动，其着力点是实现高质量发展和高水平安全的良性互动。这说明构建新发展格局是奔着统筹发展和安全而去的。其表现在畅通国民经济循环的现象上，其核心要义则存在于统筹发展和安全的战略考量之中。

从“高处不胜寒”的新发展目标到不稳定性、不确定性显著增加的新发展环境，到更具战略性和可塑性的新机遇、更具复杂性和全局性的新挑战，再到必须完整、准确、全面加以贯彻的新发展理念，以及奔着统筹发展和安全而去的新发展格局，可以认为，新发展阶段的最基本、最深沉、最关键的“新”变化，就在于安全的意义凸显、安全的分量加大。在新发展阶段干事

---

① 《习近平在省部级主要领导干部学习贯彻党的十九届五中全会精神专题研讨班开班式上发表重要讲话》，求是网，2021 年 1 月 11 日，http：//www. qstheory. cn/yaowen/2021-01/11/c_ 1126970872. htm。

情、想问题，不仅要立足于发展，而且要立足于安全，必须在更高层面、更广范围统筹发展和安全。

三 从统筹发展和安全高度全新定义

事实上，正是从统筹发展和安全的战略考量出发，也正是在新发展阶段应对风险挑战的实践中，无论是作为一个整体的市场主体，还是作为市场主体各个组成部分的企业、个体工商户和农民专业合作社等，都在被全新定义。如下便是这样的一份大致清单。

第一，市场主体是经济发展的根基所在。2020 年和 2021 年连续两年的《政府工作报告》，都以“青山”喻指市场主体。从“留得青山，赢得未来”[①] 到“青山常在，生机盎然”[②]，所揭示的无非是这样一个基本认知：经济发展的根基在于市场主体，经济发展的动力在于市场主体。只有“留得青山”，才能“赢得未来”；只有“青山常在”，才能“生机盎然”。无论面临什么样的风险挑战，只要保住了市场主体，我们就保住了经济发展的根基。只要市场主体保持活力，我们就拥有了经济发展源源不断的动力。所谓“基础不牢，地动山摇”，讲的就是这个道理。

第二，市场主体是社会主义市场经济的微观基础。改革开放 40 多年的历史进程表明，我国社会主义市场经济的建立和完善同市场主体力量的不断壮大如同一枚硬币的两面，系彼此依存、互为条件

① 《2020 年政府工作报告》，中国政府网，2020 年 5 月 22 日，http://www.gov.cn.guowuyuan/2020zfgzbg.htm。

② 《2021 年政府工作报告》，中国政府网，2021 年 3 月 5 日，http://www.gov.cn.guowuyuan/2021zfgzbg.htm。

的统一体。比如，家庭联产承包责任制的实行，将农户改造成为生产经营主体；又如，鼓励回城知青自谋职业并支持个体经济、民营企业发展，成就了非公有制经济份额的扩大；再如，下放国有企业经营自主权、推行经济责任制，进而实行“利改税”、建立现代企业制度，增强了国有企业竞争活力；还如，大量外资企业的进入，在带来资金、技术和管理经验的同时，亦成为我国经济不可或缺的组成部分。在某种意义上说，正是依托于市场主体力量的不断壮大，才有力推动了社会主义市场经济体制的建立和完善。

第三，市场主体是稳就业、扩就业的“顶梁柱”。这不仅体现在每年超越 1300 万人以上的城镇新增就业，其绝大多数靠市场主体所吸纳；还体现在量大面广的中小微企业和个体工商户系就业的“大容纳器”，他们提供了 85%以上的城镇就业岗位，支撑了 4.4 亿城镇就业人员以及近 2.9 亿农民工就业①；亦体现在市场主体是承载 7 亿多人就业的基本盘。换言之，除了大约 5000 万公职人员之外，其余的就业均发生在市场主体，均由市场主体实现。无论是稳定就业，还是扩大就业，都要靠市场主体“唱主角”。保住、稳住了市场主体，也就保住、稳住了就业。

第四，市场主体是推动经济社会发展的重要力量。且不说 GDP 源于市场主体的创造，在中国现行税制结构下，税收收入的 90%以上由市场主体所缴纳，市场主体系国家一般公共预算收入的基本来源，从而也是各级政府支出的基本支撑。不仅如此，市场主体还关乎科技创新、动能转换和结构优化，是促进科

① 《李克强：在全国深化“放管服”改革着力培育和激发市场主体活力电视电话会议上的讲话》，新华网，2021 年 6 月 8 日，http：//www.xinhuanet.com/politics/leadears/2021-06/08/c_ 1127540099.htm。

技创新、实现动能转换、推动结构优化的主要实践者和发生地。市场主体亦关乎区域发展活力和后劲。不同区域之间的发展差距，说到底，是市场主体发展状况的差距，甚至是市场主体营商环境改善程度的差距。哪个地方市场主体发展得好，那个地方经济发展就好、就业状况就好、民生改善就快。就此而言，抓住了市场主体这一重要力量，以市场主体为中心配置资源，就抓住了推动经济社会发展的根本。

第五，保住、稳住市场主体是保证经济正常运转和社会大局总体稳定的基本前提。“黑天鹅”也好、“灰犀牛”事件也罢，其所带来的各种风险挑战，市场主体均首当其冲。每逢类如新冠肺炎疫情全球大流行这样的严重灾难发生，市场主体经营困难、利润下滑甚至破产倒闭，都是我们首先要面对的风险。历史和现实的经验也一再表明，在各种风险挑战面前，尤其是在极端情况下，保证经济正常运行和社会大局总体稳定的基本前提是保住、稳住市场主体。倘若市场主体出了问题，经济正常运行和社会大局总体稳定肯定会出问题。防范和化解风险，要从防范和化解市场主体风险做起。离开了市场主体的发展和安全这个基础，其他方面的发展和安全便无从谈起。

从经济发展的根基所在到社会主义市场经济的微观基础，从稳就业、扩就业的“顶梁柱”到推动经济社会发展的重要力量，再到保证经济正常运转和社会大局总体稳定的基本前提，一旦站在统筹发展和安全的高度，在明晰发展和安全之间的辩证统一关系基础上审视市场主体，就会发现，市场主体安全是所有安全的根本或起点，是最具基础意义的安全。如果说新发展阶段必须在更高层面、更广范围统筹发展和安全，那么，统筹发展和安全，首先要从统筹市场主体发展和安全做起。也可以说，统筹市场主体发展和安全，是统筹发展和安全的“牛鼻子”。

四　宏观政策和微观政策深度融合的重心

正是基于对市场主体的全新认识，也正是基于市场主体在统筹发展和安全中的全新定位，跳出既往聚焦于企业、侧重于GDP主要源泉的局限，而将宏观经济分析重心深入至包括企业、个体工商户和农民专业合作社等在内的所有市场主体，包括大中小微经济体在内的所有参与GDP创造的基本经济单元，便成为势在必行之举。于是，进入新发展阶段的中国，便有了以市场主体为重心，宏观经济分析向微观层面深入、进而实现宏观政策和微观政策深度融合之势。

首先可以提及的一个基本事实是，自2020年以来，我国的经济工作布局，在很大程度上是围绕“六保”“六稳”而展开的。无论“六保”还是“六稳”，都是建立在首先保住、稳住市场主体基础之上的，都是以首先保住、稳住市场主体为优先选项的。

就“六保”而言，在其所覆盖的保居民就业、保基本民生、保市场主体、保粮食能源安全、保产业链供应链稳定、保基层运转中，相对于“后三保”，“前三保”无疑分量更重，要求更硬。而在“前三保”中，保市场主体又无疑最为关键，系基础所在。其间的基本逻辑在于，只有保住了市场主体，才能保住居民就业。只有保住了居民就业，才能保住基本民生。只要保住了市场主体，保住了居民就业，保住了基本民生，也就保住了经济基本盘。以此为基础，才能保住粮食能源安全、保住产业链供应链稳定、保住基层运转。

就“六稳”而言，在其所涉及稳就业、稳金融、稳外贸、稳外资、稳投资、稳预期中，稳就业是排在第一位的优先选项。稳就业的基础和前提，又在于稳市场主体。这是因为基于与前述“六保”类似的逻辑，只有稳住了市场主体，才能稳住就业。只要稳住了就业，也就稳住了基本民生，进而稳住经济基本盘。在此基础上，便可进一步稳住金融、稳住外贸、稳住外资、稳住投资、稳住预期。

还可以指出的另一个基本事实是，至少自 2020 年以来，我国的宏观政策配置，从总体上说来是围绕市场主体而展开的，其着力点和着重点是扎根在市场主体身上的。紧扣市场主体关切而精准实施财政政策、货币政策、就业政策，一竿子插到底，着眼于从根上“浇水施肥”，越来越演化为宏观政策配置的一道全新景象。比如，作为积极财政政策主体举措的减税降费，其运行机理和行动路线大不同于既往。主要体现在：其一，在给谁减降税费问题上，锁定的主要是市场主体而非一般意义上的纳税人，明确作为重点减降对象的，是涉市场主体税费而非涉自然人税费；其二，在减降什么税费问题上，锁定的主要是市场主体缴纳的流转性税费而非所得性税费，明确纳入减降范围的，主要是发生在生产经营过程中的增值税、社会保障费而非利润分配环节的企业所得税；其三，在以什么方式减降税费问题上，锁定的主要是制度变革而非政策调整，明确减降可持续的时间，具有稳定性和长期性而非阶段性、临时性。这表明近两年的减税降费是以市场主体为中心、奔着为市场主体降成本而非扩需求而去的。因而，此减税降费非彼减税降费。

再如，在灵活精准、合理适度旗帜下实施的稳健货币政策，体现出一系列大不同于既往的显著特点：其一，不仅把服务实体经济放在更突出的位置，而且将服务实体经济作为重要出发点和落脚点；其二，无论是保持流动性合理充裕，还是保持宏观杠杆率基本稳定，抑或是保持人民币汇率在合理均衡水平上基本稳定，都是奔着进一步解决中小微企业融资难题而去的；其三，综合运用降准降息、再贷款手段也好，创新直达实体经济的货币政策工具也好，大型商业银行普惠小微企业贷款增长30%也罢，都是基于小微企业融资更便利、综合融资成本稳中有降的考量而推出的；其四，包括延续普惠小微企业贷款延期还本付息、加大再贷款再贴现支持力度、继续实施小微企业融资担保业务降费奖补、完善贷款风险分担补偿机制、适当降低小微企业支付手续费等在内的一系列政策安排，也都是为了进一步解决中小微企业融资难题，使资金更多流向小微企业、个体工商户、新型农业经营主体，加强对受疫情持续影响的行业企业的金融支持。这表明近两年的稳健货币政策在很大程度上是围绕市场主体特别是实体经济而展开的。因而，此稳健的货币政策非彼稳健的货币政策。

又如就业优先政策，在被作为先行指标而位居宏观政策目标首位的同时，涉及保就业、稳就业、扩就业的几乎所有举措，都是以市场主体为基点、落实于市场主体身上的。其中具有代表性的是：其一，通过支持大众创业、万众创新，带动就业；其二，通过支持新增市场主体，创造就业岗位；其三，通过给予对不裁员、少裁员企业必要财税、金融政策支持，稳定现有就业岗位；其四，通过拓宽市场化就业渠道，以促进创业带动就业；其五，通过健全就业公共服务体系，实施提升就业服务质量工程；其六，运用就业专项补助等资金，支持发展各类劳动力市场、人才市场、零工市场，如此等等。这表明近两年的就业优先政策是从保住、稳住市场主体入手，建立在市场主体安好基础之上的。因而，此就业优先政策非彼就业优先政策。

五　贯穿“放管服”改革的主线

循着如此的线索由政策调整延伸至制度变革，还可以观察到这样一个基本事实：党的十八大以来持续推进的“放管服”改革，从其启动的那一天起，就是围绕市场主体而展开的，也都是奔着优化营商环境、培育和激发市场主体活力而去的。“放管服”改革的成效，集中体现于市场主体的发展壮大。可以说，市场主体系贯穿“放管服”改革的主线。

“放管服”改革的目标定位，无论是“放出活力”，还是“管出水平”，或是“服出效率”，所针对的都是市场主体的切身需求。政府之所以要通过“简政放权”放掉该放的权力，之所以要通过“放管结合”管好该管的事情，之所以要通过“优化服务”提升公共服务效能，就在于坚持“放”“管”“服”三者相辅相成、互为支撑，增强市场主体的活力和内生动力。此为其一。

“放管服”改革的着力点和着重点所聚焦的都是市场主体的痛点和难点。政府之所以要增加水电气热、交通、电信等基础设施等方面的供给，之所以要保障好基本民生，织密织牢社会保障“安全网”，就在于为市场主体经营发展创造良好的条件，让市场主体敢于创新发展，不断催生新的市场主体。此为其二。

“放管服”改革的主攻方向所瞄准的就是市场主体最在意、最关切的事情——营商环境。政府之所以要坚持依法行政，之所以要力行简政之道、秉持公平公正监管、持续优化服务，之所以要坚持提升改革综合效能，就在于为市场主体排忧解难，为市场主体营造稳定、公平、透明、可预期的营商环境，让市场主体更加活跃、公平竞争。此为其三。

诸如此类的例子，还可举出许多。所有这些，都说明，“放管服”改革特别是近两年纵深推进“放管服”改革的一系列举措与经济工作和宏观政策配置格局的调整变化，可谓异曲同工。这无疑为“微观政策要持续激发市场主体活力”的明确定位提供了理论和实践支撑，从而为实现宏观政策和微观政策深度融合进一步夯实了理论和实践基础。

六　简短的结语

如果把经济社会发展比喻为一棵参天大树，那么，保住、稳住市场主体就是保住、稳住经济社会发展根基。在某种意义上可以说，正是因为我们将世纪疫情冲击之下政策调整、制度变革的主要聚焦点放在了市场主体身上，直接面向市场主体而出台政策，始终围绕市场主体而深化改革，夯实了市场主体这个支撑发展、应对经济运行困难的基础，中国经济社会恢复才能走在全球前列，“十四五”良好开局才能顺利实现，才能取得经济社会健康平稳发展的骄人业绩。

前瞻 2022 年以及今后一个时期的经济工作和宏观政策配置，

可以确认，按照中央经济工作会议的部署在坚持“稳字当头、稳中求进”总基调的前提下，无论是“继续做好‘六稳’‘六保’工作，持续改善民生”，还是“着力稳定宏观经济大盘，保持经济运行在合理区间，保持社会大局稳定”；也无论是聚焦“提升效能，更加注重精准、可持续”而“继续实施积极的财政政策”，还是聚焦“灵活适度，保持流动性合理充裕”而“继续实施稳健的货币政策”，亦不论是“财政政策和货币政策要协调联动”，还是“跨周期和逆周期宏观调控政策要有机结合”，都要继续坚持以市场主体为重心，把经济工作和宏观政策配置的着力点和着重点扎根于市场主体，把全面深化“放管服”改革的战略基点锁定于市场主体，围绕激发市场主体的活力持续发力。

从根本上说来，这是一条已经被实践证明系做对了的、正确的路径选择。面对新发展阶段发生的深刻变化，面对全面建设社会主义现代化国家新征程的新形势、新任务、新挑战，这样一条必由之路，我们当然要义无反顾地走下去。

皮书品牌建设

皮书研创出版的新趋势、新挑战、新任务[*]

谢曙光[**]

摘　要： 面对世界百年未有之大变局，中国在全面建成小康社会、中华民族实现了第一个百年奋斗目标的时刻，中国特色社会主义事业正站在一个关键历史节点上。随着国家对智库和智库成果的需求增加，作为基础理论研究和应用对策研究融合发展的平台，皮书的研创、出版和传播面临新的趋势和挑战，如国家和社会对皮书的内容质量要求越来越高，数据时代如何构建本领域的数据库，同类产品之间的竞争，舆情风险及审查越来越严格等。为此，皮书人应继续坚持正确的政治方向、学术导向和价值取向；全面落实“调整结构、优化选题”的皮书目录管理制度；突出智库成果的公共性，以研究重大理论和实际问题为主攻方向；积极利用数据平台、智能平台，创新皮书内容创作、生产、发布方式；把质量作为皮书的“生命线”，

* 本文根据作者在第二十二次全国皮书年会上的主题演讲整理，已经本人审阅。

** 谢曙光，本名谢寿光，中国社会学会秘书长、中国出版协会副理事长、中国管理科学学会副会长，皮书品牌创始人。

高度重视皮书报告的写作规范；建立科学的皮书成果评价体系，推进智库共同体成长。

关键词： 智库平台　舆情风险　内容质量　学术规范

2020年初突袭而至并持续在全球蔓延的新冠肺炎疫情，彻底打破了人类原有的生产秩序和生活状态，这一状况与近年来国际上反全球化、保守主义、民粹主义等因素叠加，给人类发展增加了巨大的不确定性；互联网、大数据、人工智能和区块链技术的长足进步和广泛使用，又为人们精准把握外部世界、消除不确定性提供了无限的可能和想象空间。所有这一切，都成为皮书研创者和出版者必须面对和应对的时代课题。

刚刚过去的“十三五”时期，中国取得了全面建成小康社会、历史性地解决了绝对贫困问题等一系列伟大成就，实现了中华民族复兴的第一个百年奋斗目标。2020年以来，百年未有之大变局叠加百年不遇之大疫情，正在深刻地改变着世界政治、经济。在新冠肺炎疫情防控常态化的背景下，中国智库发挥了积极的建言献策功能，针对经济社会发展宏观规律、重大公共安全卫生事件，在回应“时代之问”，寻求“破解之道”中努力探索，形成了大量的智库成果，这些智库成果对专业领域、政府决策、社会公众都产生了重要的影响。作为以消除不确定性为目标的智库成果，皮书在记录与研判时代重大问题、发挥咨政建言作用、引导社会舆论方向、促进国际合作交流等方面将面临更加复杂的挑战，也必将发挥越来越重要的作用。

截至2021年4月，皮书数据库中有12000部图书、21.5万篇报告，涉及 41 个一级学科，100 多个行业，80 多个国家，覆盖的国际区域有 30 余个，涉及的中国省级行政区域有 34 个①。在皮书平台聚合的作者中，每年为皮书写稿的作者有 1 万人左右，很多作者每年持续不断地为皮书供稿，现在聚合的作者已经超过 10 万人，研创机构有近千家。皮书数据库用户有 1500 多家，累计 PV 量已经接近 3000 万次②。皮书有能力有条件，也有可能为消除外部环境变化给这个时代带来的不确定性，做出皮书研创者、出版者应有的贡献。

一　皮书发展的新趋势

（一）前沿性：皮书热词体现了当下经济社会发展的热点领域

皮书前沿性体现在两个方面：一是在理论探讨上应反映学术前沿问题，并能通过现有数据分析推断该研究领域的发展趋势；二是在解释现实问题时，皮书应关注现实生活中的热点、重点问题，致力于解决政府、媒体、公众关注的问题，回应社会关切③。在出版的 2020 年版 423 种皮书中，排在前 10 位的热词是“工业化进程”“一带一路”“高质量发展”“‘十四五’规划”等。前 20 位的热词还有“互联网”“区块链”“大数据”“人工智能”等，除此以外，皮书研创中提到的热词涉及“乡村振兴”

① 资料来源：皮书数据库，http：//www. pishu. com. cn/skwx_ ps/database？SiteID = 14。

② 谢曙光主编《智库成果蓝皮书：中国皮书发展报告（2021）》，社会科学文献出版社，2021。

③ 谢曙光主编《皮书手册——写作、编辑出版与评价指南》（第四版），社会科学文献出版社，2020。

“社会治理”“脱贫攻坚”“营商环境”“文旅融合”“科技创新”等领域。皮书的研创成果基本涵盖了当下社会关注的关键话题，前沿性更加凸显。

（二）国际化：国别区域与全球治理类的皮书明显增多

自 2019 年明确提出皮书要实现高质量发展以来，社会科学文献出版社不断完善皮书管理制度，在准入退出机制基础上，进一步提出了皮书目录管理制度。对一些出版不规律的皮书进行限制，同时开拓新的选题。近年来，国别区域与全球治理类皮书明显增多，截至 2021 年 8 月，准入未出版和已出版的国别区域与全球治理类皮书共计 67 种。

无论是对生态建设领域还是对整个经济发展的分析，都会涉及国别区域、全球治理，相关的内容在皮书报告中均有所体现。这反映出：一方面，中国成为世界第二大经济体以后，中国元素已经成为全球关心的热点问题，中国的学者、中国的智库研究者在研究国别区域与全球治理问题方面积极贡献智慧；另一方面，皮书研创者在关注国内热点研究领域的时候，不少研创者已把研究视野放到全球的高度，将国别区域之间进行对比，实现国别区域与全球治理类皮书在基础理论研究和应用对策研究方面融合发展。

（三）老皮书开始转型升级

出版 5 年以上的老皮书，出版时间和内容质量相对稳定，是支撑皮书品牌的重要力量。作为及时反映中国及世界最新发展动态的“晴雨表”，皮书应反映当年社会最关切的热点问题，给出专业分析，提供对策建议。如何提炼当年度的热点问题和研究主题，进行内容创新，成为每位皮书主编每年需要重点谋划的事情。以《经济蓝皮书：中国经济增长报告》（简称“春皮”）为例，相对于《经济蓝皮书：中国经济形势分析与预测》（俗称“秋皮”），“春皮”是从更深的理论层面分析当年的宏观经济发展情况。为了实现突破和转型，研创团队负责人中国社会科学院数量经济与技术经济研究所李雪松所长宣布从 2022 年起“春皮”将关注点放在密切追踪“十四五”规划进程上。

（四）智库越来越重视皮书的平台作用

皮书作为新型智库建设平台已经得到广泛的认同，皮书的作用和功能已经被中央和地方甚至基层的决策部门高度关注。1996 年至 2020 年，国家高端智库研创皮书 1060 部，地方社会科学院智库研创皮书 926 部，政党、政府系统智库研创皮书 550 部，重点高校（双一流）智库研创皮书 267 部。2021 年出版的“智库成果蓝皮书”提出，国家高端智库共是 25 家，2018 年中央党校和国家行政学院合并以后，共是 24 家，在 24 家国家高端智库中出版皮书的已经占了 60%。

（五）党政机构对皮书功能的认识在持续提升

根据“智库成果蓝皮书”发布的数据，政党、政府系统智库研创皮书共 550 部。政府及其智库机构希望通过皮书平台展示本地的特色，扩大地方的影响力。近年来，各地方政府系统智库机构也越来越重视皮书的影响力，通过皮书发挥舆论引导作用，搭建行业研究及特色产业推广平台。

（六）皮书国际影响力、国际关注度越来越高

皮书系列中十多种品牌（合计 200 多部）持续以英文、俄文等多语种形式出版，实现了中国学术“走出去”，为智库提升国际影响力提供了平台。有 300 多年历史的荷兰 BRILL 学术出版公司专门以“CASS Yearbook”为丛书名，自 2007 年开始每年出版多种英文版皮书，扩大了中国智库在海外的学术影响力。同时，多位皮书主编在国际学术会议、高校及大型书展上发声、演讲，实现了皮书与国际学术界的对话与交流。

2019 年，社会科学文献出版社皮书国际化工作进一步开展，除《中国社会形势分析与预测》《中国经济形势分析与预测》《中国人口与劳动问题报告》等十余种延续性皮书以外，新增了《“一带一路”建设发展报告》（阿尔巴尼亚文版，合作机构为阿尔巴尼亚的 OMBRA GVG 出版社）。《“一带一路”建设发展报告》的出版，丰富了皮书国际化的系列、类别、语言、地区分布以及合作机构。

二　皮书高质量发展面临的新挑战

（一）社会的关注度越高，对皮书内容质量的要求也越来越高

经过多年的运作，皮书在社会上已经有了较大的影响力和知名度。随着国家对智库越来越重视，对应用对策性研究成果的需求越来越多，社会对皮书的关注度越来越高，对皮书的内容质量要求也越来越高。目前，个别皮书中会夹杂一些质量不高的文章，对整本皮书或者皮书品牌产生了不容忽视的负面影响。

（二）数据时代带来的挑战

数据时代，皮书报告如果不用数据说话，基本都会被时代抛弃。怎么形成自己独有的数据来源、数据采集平台、数据分析方法，这是皮书高质量发展阶段皮书研创者们必须深刻考虑并加以解决的问题。

（三）时效性更强的季度报告、月度报告、行业报告明显增加

信息时代，知识更新的速度不断加快。许多智库研究者善于捕捉社会热点问题，并进行解读和分析，相关行业或者领域的季度报告、月度报告、行业报告会及时在网络或者自媒体上发布。如何进一步适应信息更新越来越快的情况，突出皮书的特色，也是每一个皮书研创者必须考虑的问题。

（四）与舆情热点关系密切，把控难度增大

皮书是靠影响力取胜的，如果不进行发布、传播，关注度就会很低。皮书如果关注了社会的热点话题，在引导舆论的同时也可能会引发舆情，这就对皮书研创出版者提出了全程把握传播风险的具体要求。如 2020 年出版的皮书会涉及对新冠肺炎疫情的分析，对此就要求皮书在编辑出版时应注意规范相关表述。

（五）出版审查要求更加严格

2020 年以来，皮书的出版节奏在放慢，有些皮书送审长达一年都下不来。在研创环节，每一个皮书主编都要对皮书内容质

量进行管控；在出版环节，出版社需要对皮书内容质量进行层层把关。如何让皮书既能保证数据时效性，又能按时出版，这是我们面临的大挑战。因此，每一篇皮书报告在设置整体结构时，需要在保持关注热点问题、难点问题的同时坚持正确的政治方向、学术导向和价值取向，管控好风险，做好脱敏性的工作。

三　皮书高质量发展的新任务①

新时代、新征程、新任务，皮书研创出版应从以下几个方面聚焦和发力。

（一）继续坚持正确的政治方向、学术导向和价值取向

皮书是服务党和国家决策，服务社会、服务行业发展的重要载体，要继续坚持正确的政治方向、学术导向和价值取向。做好皮书的研创出版首先要提高政治站位，在思想上、政治上、行动上都要与以习近平同志为核心的党中央保持高度一致。要旗帜鲜明讲政治，全面贯彻党的基本理论、基本路线、基本方略，既不走封闭僵化的老路，也不走西方那条邪路，皮书决不能出现与党中央精神不一致的言论，决不能为错误思潮提供传播阵地。要坚持马克思主义的指导地位，特别是用习近平新时代中国特色社会主义思想指导皮书发展，不断提高运用这一重要思想分析和解决实际问题的能力，以更宽广的视野、更长远的眼光来思考、把握新时代皮书研创出版工作。要落实意识形态工作责任制，做到守

① 本部分内容已收录在谢曙光主编《智库成果蓝皮书：中国皮书发展报告（2020）》，社会科学文献出版社，2020，第28~33页。在撰写本文时，对本部分数据做了更新。

土有责，守土负责、守土尽责，在意识形态领域不出问题是皮书的底线和红线，既要坚持正面宣传阐释马克思主义和党的方针政策，又要旗帜鲜明地批评历史虚物主义等错误思潮[①]。

（二）全面落实“调整结构、优化选题”的皮书目录管理制度

在“调整结构、优化选题”上，要认真落实2019年第二十次全国皮书年会提出的“皮书高质量发展”要求，控数量、调结构、补短板，严格实施目录管理[②]，进一步完善准入和退出机制。从准入环节来说，2021年1~12月，皮书研究院全年组织专家评审皮书立项选题12次，评审皮书申请项目182个，通过皮书项目98个，暂缓及否决84个，通过率为53.85%。皮书项目的准入评审机制从源头上为控制皮书选题质量提供了保障。从退出环节来看，皮书的退出机制是皮书控制数量、调整结构的重要措施。自2019年起，皮书的退出机制也开始实施定期动态管理。定期淘汰出版不规律、内容质量不高的皮书品种，每月淘汰通过准入但超过1年半未能正式出版的皮书选题。2021年，共淘汰皮书64种，淘汰皮书选题31个。

今后，一方面，在皮书的准入环节，要进一步发挥皮书学术共同体、智库共同体的作用，严格实施每本皮书立项前的同行评审；另一方面，在皮书退出环节，要进一步把皮书评价结果与退出管理相结合，全面落实皮书的目录管理制度。

---

① 《中国社会科学院院长谢伏瞻在第二十次全国皮书年会开幕式上的讲话》，皮书数据库，http：//www. pishu. cn/descqgpsnh/kmsfy/536462. shtml。

② 从2020年起，社会科学文献出版社每年根据上年出版皮书的评价结果，按规定程序发布“皮书目录”。具体规定详见谢曙光主编《皮书手册——写作、编辑出版与评价指南》（第四版），社会科学文献出版社，2020。

（三）突出智库成果的公共性，以研究和回应新时代重大理论和实际问题为主攻方向

皮书研创要具有前瞻性。对于智库而言，只有聆听时代的声音，回应时代的呼唤，认真研究解决重大紧迫问题才能真正把握住历史脉络，找到发展规律，推动理论创新。在逆全球化浪潮愈演愈烈的背景下，人类如何团结合作，共建人类命运共同体等全球治理问题，尤其需要中国智库发声，需要中国智库提供科学的研究成果作为决策支撑。

皮书研创要具有问题意识。在中国特色社会主义进入新时代，社会主要矛盾发生深刻变化，统筹推进“五位一体”总体布局，协调推进“四个全面”战略布局，推进国家治理体系和治理能力现代化，实现“两个一百年”奋斗目标，开启全面建成社会主义现代化强国的新征程中，提出的一系列全新的重大理论和现实问题，迫切需要深入研究并做出有说服力的科学解答，这也为皮书的研创出版提供了丰富的素材和广阔的空间。皮书的研创出版必须始终着眼坚持和发展中国特色社会主义大局，贴近党和国家决策需求，以研究和回应新时代重大理论和实践问题为主攻方向，推出更多对政策制定有重要参考价值、对事业发展有重要推动作用的优秀成果，要注意补足短板，发掘更多有价值的研创主题，将皮书研究与时代要求、与经济社会发展趋势紧密结合。

（四）积极利用数据平台、智能平台，创新皮书内容创作、生产、发布方式

2019 年 11 月，党的十九届四中全会通过的《中共中央关于

坚持和完善中国特色社会主义制度　推进国家治理体系和治理能力现代化若干重大问题的决定》指出，“健全劳动、资本、土地、知识、技术、管理、数据等生产要素由市场评价贡献、按贡献决定报酬的机制”①，该决定首次提出把数据纳入生产要素，可见数据已经对人类社会的生产方式、生活方式产生了巨大影响。

《关于加强中国特色新型智库建设的意见》把是否具备“功能完备的信息采集分析系统”② 作为新型智库的 8 个基本标准之一，可见数据、信息已成为智库的基础要素。在数据采集、信息处理上，以数据说话为特征的皮书研创仍有巨大的提升空间。目前，皮书的数据来源包括：公开发布的官方统计数据、电子商务等网络平台产生的消费型数据、自有调研数据（一手数据）、行业数据（部门数据）、新闻时政数据、学术论文研究资料等。但相当部分皮书的数据来源相对单一，还是以公开发布的官方统计数据为主，缺乏自有的数据库建设。各皮书研创机构应开拓数据采集渠道，构建细分领域的专业数据库，确立稳定的、细分化、专业化的数据来源。一方面，除了公开发布的官方统计数据以外，还要与决策咨询部门建立良好的互动关系，全面收集行业数据（部门数据）；另一方面，也是更重要的，加大自有数据库的建设力度，以数据、流量作为皮书研创的基本抓手，采取自采、合作、外包或购买等方式整合数据。

① 《中共中央关于坚持和完善中国特色社会主义制度　推进国家治理体系和治理能力现代化若干重大问题的决定》，中国政府网，2019 年 11 月 5 日，http：//www.gov. cn/zhengce/2019-11/05/content_ 5449023. htm。

② 《中共中央办公厅、国务院办公厅印发〈关于加强中国特色新型智库建设的意见〉》，中国政府网，2015 年 1 月 20 日，http：//www.gov. cn/xinwen/2015-01/20/content_ 2807126. htm。

在研究方法上，要使用好数据库和数据资源，积极创造条件建构原创性指标体系，研发本领域、本行业、本专业的专题指数。互联网、人工智能技术的飞速发展使人类社会无时无刻不在产生数据，大量数据在被生产的同时，并未被有效合理使用。皮书研创机构应依托数据资源，在皮书研创中要想准确把握时局、引导政策走向就必须未雨绸缪，以数据事实为依据，进行持续性的数据采集工作，及时、全面捕捉各类情报信息，进而加工整理为有价值的决策资料。

在组织研创、报告发布上，要积极使用企业微信、腾讯会议等线上会议工具，推进皮书研创过程中相关会议的线上召开；要创新皮书线上发布模式，召开视频发布会或语音发布会，并充分利用短视频、微信公众号文章等形式在线发布皮书成果；要以引流为目标，努力促进皮书成果转化。

（五）把质量作为皮书的“生命线”，高度重视皮书报告的写作规范

《皮书手册——写作、编辑出版与评价指南》（第三版）对智库报告的定义为，“智库报告是指由专业智库撰写，基于公共事务领域，对政治、经济、外交、国防、科技、社会等宏观问题或微观问题进行专题研究，旨在为决策机构估计形势、确定目标、制定政策提供建设性的决策依据和行动建议的研究性文献”[①]。从此定义可见，智库报告的写作应遵循公共性、咨政性、研究性、思想性等特点。

① 谢曙光主编《皮书手册——写作、编辑出版与评价指南》（第三版），社会科学文献出版社，2018，第1~2页。

目前，皮书中单篇报告写作规范的问题集中体现为两种形式。第一种，“工作报告式”。有的皮书报告作者来自行业或部门的一线机构，行业数据（部门数据）都很丰富，价值也很高。但在报告写作中，往往忽视了智库报告的独立性、思想性、咨政性。如果拘泥于本部门的工作经验总结、未来工作思路，就容易把智库报告写成部门或行业的工作总结报告，失去了研究性，尤其是丢失了智库应有的第三方客观立场，其价值大打折扣。第二种，“学术论文式”。有的皮书报告具备科学的研究范式，通过大型社会调查，采集了大量鲜活的一手数据，但报告写作却遵循的是“学术论文”的范式，往往以“研究综述—研究方法—研究结论—研究不足及未来展望”为框架，数据处理方法占据了智库报告的大量篇幅，数据分析及结论却流于表面，未能揭示大型调查数据背后对于公共政策的实际价值。“学术论文式”报告在皮书中大量出现，皮书就会沦为“论文集”，失去了其咨政价值。

《皮书手册》是为皮书研创制定统一出版规范与标准的工具书，自 2015 年首次出版以来，获得了皮书作者、读者的广泛关注与支持。2020 年，《皮书手册——写作、编辑出版与评价指南》完成修订并发布第四版。通过对皮书研创规范、出版规范的精益求精，助力皮书主编、皮书作者推动智库成果的专业化，尽可能避免“工作报告式”“学术论文式”报告在皮书中出现。

（六）建立科学的皮书成果评价体系，推进智库共同体成长

目前，智库成果在科研人员评价体系中受重视程度仍然不高。很多皮书研创单位对于学者参与以皮书为代表的智库成果写

作激励不够，有的不能作为个人考核成果，有的即便可以作为考核成果，但权重占比很低，与实际研究付出的努力及成果所产生的影响力不成正比。各智库及研究机构应从制度设计上重视智库成果研创。一方面，制定激励智库成果研创的考核制度，把优秀智库成果作为研究人员的成果及代表作认定依据。另一方面，制定提升智库成果管理质量的相关制度。社会科学文献出版社开发运维的皮书数据库，自 2020 年起每季度公布皮书报告的浏览、下载量等使用结果数据，并实现了可按照各皮书研创机构查询结果，从而为皮书的社会影响力评价提供客观数据支持。

以皮书研究院理事会、皮书年会和皮书研创高级研修班为抓手，深度推进皮书研创出版平台建设。要切实采取有效措施，鼓励、支持各地区、领域、系统皮书研创课题组开展研创交流与合作，实现皮书学术共同体数据、资源以及流量共享。要牢固树立平台意识，以皮书课题组为支撑，通过皮书研创出版活动，构建专业和专题领域智库平台，最大限度吸纳国内外本学科领域专家参与皮书研创工作。

皮书的历史责任与时代担当[*]

许　鹏[**]

摘　要： 皮书对各领域进行持续不断的研究，从历史的角度看，皮书是最新的当代系列专门史。作为中国特色新型智库建设的重要抓手和成果形式，皮书应面向决策需求凸显决策价值，建立起坚实的学术基础，致力舆论引导及话语体系建设，充分发挥皮书的社会价值。目前，从作者编撰、单位组织角度看，当前皮书研创面临一定的难点，如学术认同度总体不高；产出与投入不够匹配；内部工作安排难均衡；研创单位重视程度不同。只有依靠皮书人的倾情投入，皮书事业才能越做越大、越来越强。

关键词： 皮书研创　皮书价值　皮书事业

* 本文根据作者在第二十二次全国皮书年会平行论坛上的发言录音整理而成，已经本人审阅。

** 许鹏，广州市社会科学院党组成员、副院长，经济学博士，教授，博士生导师，《广州蓝皮书：广州创新型城市发展报告》《广州蓝皮书：广州数字经济发展报告》主编。

一 皮书是最新的专门史

1. 笼统的学科归类：皮书是最新的当代系列专门史

皮书的作者来自各个学科，皮书的内容也一定属于某个学科内容。从内容上看，虽然皮书反映的是近一两年的现状和问题，并对未来有预测，但每年都有延续的研究和分析；从历史的角度看，皮书是最新的当代系列专门史。

皮书具有特定的研究对象，每种皮书都有特定的研究领域；皮书具有成熟的研究方法，以实证分析方法为主的社科类研究方法；皮书具有稳定的内容体系，总体稳定而又具有可变性的内容框架；皮书具有规范的表述方式，遵循大致统一的叙述方式和表现形式。

2. 皮书具有悠久的发展历史和严谨的学术规范

"皮书"产生于17世纪的英国，最早出现的是白皮书，发展最快的是蓝皮书，此外还有绿皮书、黄皮书等。在中国，让"皮书"这一概念被社会广泛接受，并被成功运作、发展成为一种全新的出版形态，则是中国社会科学院社会科学文献出版社。2003年时任社会科学文献出版社社长谢寿光，最先提出皮书的定义，2005年他对皮书概念做了较为完整的表述，提出"皮书"是一种以年度为时间单元，关于某一门类、地域或领域的社会科学资讯类的连续出版物。皮书不同于其他出版形态，是专业性资讯类产品，是周期性的连续出版物，皮书的论域必须是某个特定的地域或领域，使用社会科学的视角和方法。

3. 中国皮书事业的兴旺发达首功应归于社会科学文献出版社

社会科学文献出版社是目前国内出版皮书品种最多，市场化、系列化、品牌化运作比较成功的出版社。根据社会科学文献出版社皮书研究院的数据，第一，搭建最大的皮书出版平台。自1991年出版第1部皮书，每年出版皮书400余部，截至2021年8月已出版近千种，合计4100多部皮书①。第二，建立完备的皮书研创出版制度。如对皮书实行严格的准入机制和淘汰机制，致力于推进皮书事业高质量发展。第三，组建皮书研究院。制定皮书创作规范与方法，开展对皮书质量的科学评价，并组织专家评审和评奖表彰。第四，开发皮书数据库。截至2021年6月，收录报告21.2万篇，字数达48.8亿字，累计国内机构用户344家、海外机构用户98家、个人用户22.6万人②。

二　皮书承载着时代重托

习近平总书记在2016年“5·17”讲话中指出：“智库建设要把重点放在提高研究质量、推动内容创新上。要加强决策部门同智库的信息共享和互动交流，把党政部门政策研究同智库对策研究紧密结合起来，引导和推动智库建设健康发展、更好发挥作用。”③

目前，作为中国特色新型智库建设的重要抓手和成果形式，皮书的经济价值尚未体现或者说尚待开发。当前皮书的价值主要体现为社会价值，包括决策价值、学术价值、传播价值等。

① 资料来源：皮书数据库，http://pishu.cn/zxzx/tzgg/570799.shtml。

② 资料来源：皮书数据库，http://pishu.cn/zxzx/tzgg/570799.shtml。

③ 《习近平在哲学社会科学工作座谈会上的讲话全文发表》，央广网，2016年5月19日，http://news.cnr.cn/native/gd/20160519/t20160519_522178374.shtml。

1. 皮书应面向决策需求凸显决策价值

以广州市社会科学院研创的“广州蓝皮书”为例，广州市社会科学院研创的皮书共有8种，近年来每年通过皮书研创、重大课题研究等途径，报送决策咨询报告上百篇，获得省市主要领导肯定性批示及党政部门采纳应用共50多篇次，扩大了广州市社会科学院的影响力。

2. 皮书研创应建立起坚实的学术基础

皮书研创要建立起坚实的学术基础，首先也是最为重要的是建立稳定而专业化的学术队伍。目前社会科学文献出版社出版的皮书系列已吸纳上千家智库、超过3万名作者参与研创。广州市社会科学院围绕8种蓝皮书组建了8个学术团队，汇聚院内外专业人员超过200人。其次，要把准皮书研创的学术标准，体现出科学性、实证性、前沿性、规范性、时效性、创新性等。广州市社会科学院一直按照皮书的写作规范和要求进行研创，在2020年版皮书评价中，广州市社会科学院研创的皮书取得了较好的成绩，在分类排名和综合排名中比较靠前。

3. 皮书应致力舆论引导及话语体系建设

一方面，召开皮书发布会或者通过自媒体宣传，扩大皮书或者研创单位的影响力。2020年，广州市社会科学院在政府新闻平台举行“广州蓝皮书”系列研究报告新闻发布会，获得新闻媒体专题长篇报道85篇次；2021年每部蓝皮书出版后都单独举行了新闻发布会，获得了媒体广泛报道。另一方面，通过推进皮书国际化提高中国学者在国际上的话语权。社会科学文献出版社已有256部皮书以英、俄、德、阿、僧伽罗、芬、土、日、韩等语种在海外出版，形成一定的影响力。

三　抱有情怀才能做好皮书

从作者编撰、单位组织角度看，当前皮书研创面临一定的难点。

第一，学术认同度总体不高。在部分高校和社科院的考核体系中，皮书未被作为高质量的学术成果纳入考核体系中，从而影响科研人员参与皮书写作的积极性。

第二，产出与投入不够匹配。因为一本皮书从构思、组稿、调研、撰写、修改、评审查重、出版、发布和宣传等要持续一整年，需要耗费大量的人力和物力，但是在科研评价体系中皮书所占的分数较低。广州市社会科学院在科研考核系统中规定，完成一篇皮书总报告得 30 分，完成一篇皮书分报告得 10 分。如果一本皮书有 15 篇报告，研创一本皮书大概完成了整个所一年的任务量。但实际上，各所还有其他科研写作任务，科研人员压力比较大。如何平衡撰写皮书报告和其他科研成果之间的分配比例，是今后需要考虑的问题。

第三，内部工作安排难均衡。广州市社会科学院大部分研究所有自己的皮书，还有一些研究所没有，如何平衡参与皮书研创和无法参与皮书研创的各研究所，也是今后需要考虑的问题。

第四，研创单位重视程度不同。这与对皮书的学术认同度相关。做好皮书要抱有情怀，无私奉献，要尽量做到“四少四多”：少讲利益、多讲事业；少讲个人、多讲团队；少看局部、多看全局；少看当前、多看长远。只有在这种精神的支撑下，依靠皮书人（组织者、研创者、出版者、传播者）的倾情投入，我们的皮书事业才越做越大、越来越强！

新型城市智库建设背景下《广州社会发展报告》的定位与实践[*]

陈　杰[**]

摘　要： 广州市社会科学院近年来明确提出建设高质量新型城市智库，注重皮书品牌的建设。在广州市社会科学院转型升级的过程中，皮书成为重要的集成研究成果，皮书在支撑新型智库建设过程中也发挥着至关重要的作用，其具有学术前沿性、学术权威性的特点，构建学术网络平台和咨政建言的作用。本文结合《广州社会发展报告》的研创实践，分享了皮书研创的经验：应注重皮书内容的前瞻性；应建立稳定的皮书研创团队；加强皮书的实证性；及时进行皮书报告的媒体发布。未来"十四五"时期，皮书应服务于城市发展，为相关政府部门做好战略性、基础性和前瞻性的政策咨询和决策参考。

* 本文根据作者在第二十二次全国皮书年会平行论坛上的发言录音整理而成，已经本人审阅。

** 陈杰，博士，广州市社会科学院社会研究所副所长，副研究员，主要研究方向为社会治理、社会政策，《广州蓝皮书：广州社会发展报告》执行主编。

关键词： 广州蓝皮书　新型城市智库　社会发展　决策咨询

中国特色新型智库是新时代国家治理体系和治理能力现代化的重要内容，纵观当今世界各国现代化发展历程，智库在国家治理中发挥着越来越重要的作用，日益成为国家治理体系中不可或缺的组成部分，是国家治理能力的重要体现。智库区别于以学科和教学体系建设为主的大学和一般学术研究机构，在于智库重在综合运用理论和知识分析研判重大现实问题，这也是对智库建设的一般要求；同时，具体到一家智库个体，又要依据自身独一无二的性质、类型和定位，塑造其独特个性和鲜明风格，占据真正属于自己的研究空间和制高点，这是智库独立和自立的根本标志[①]。

2016 年，广州市社会科学院明确提出建设高质量新型城市智库的思路，简单来说就是“1122335”。即确立研究广州，服务决策“一个立院之本”；明确决策研究、决策咨询“一个主攻方向”；突出目标导向和问题导向“两个导向”；提升综合研发能力和战略谋划能力“两个能力”；坚定马克思主义重要理论阵地、党的意识形态工作重镇、新型城市智库“三个定位”；瞄准创造战略性思想、构建枢纽型格局、打造国际化平台“三大愿景”；发挥咨政建言、理论创新、理论引导、公共服务、国际交往“五大功能”。

① 《习近平：在哲学社会科学工作座谈会上的讲话（全文）》，新华网，2016 年 5 月 18 日，http：//www. xinhuanet. com//politics/2016-05/18/c_ 1118891128_ 4. htm。

一　皮书在广州市社会科学院新型城市智库建设中的作用

皮书的整体水平跃升与广州市社会科学院的新型城市智库转型紧密相关，相辅相成。在广州市社会科学院转型升级的过程中，皮书成了智库最重要的集成研究成果之一，而皮书在支撑新型城市智库建设过程中也发挥着至关重要的作用。

1. 皮书站在学术前沿，探讨社会现实，具有经世致用的社会功能

皮书具有较强的学术前沿性，是探讨社会现实、社会热点问题的重要平台，具有经世致用的社会功能。皮书既能反映学术前沿和发展趋势，又能紧扣政府、媒体和公众关注的重点、难点问题，做出前瞻性预测，而这个恰恰正是智库最重要的社会功能。作为“广州蓝皮书”丛书中的社会类皮书，《广州社会发展报告》应该眼光向下，关注百姓，关注都市民生。

2. 皮书为智库建设搭建了学术网络平台

广州市社会科学院在进行皮书研创和品牌建设的过程中，与多所高校、科研机构、政府部门、企业、社会组织等都建立了良好的科研合作关系，以皮书为节点搭建了一个学术网络平台，构建了一个以问题为导向的学术共同体，致力于为城市发展贡献智慧。

3. 皮书的学术权威和咨政建言功能，凸显智库的社会影响力

经过多年的发展，广州市社会科学院的皮书，乃至整个皮书系列和皮书品牌，都已经形成了一定的学术权威，并具有咨政建言的功能，凸显了皮书作为智库成果的社会影响力。

不同于以前闷头做决策咨询、做研究的书斋学者，自从有了皮书这个平台，智库机构在进行决策咨询和学术研究时可以通过皮书，充分发挥智库学者和学术权威的咨政建言作用，将研究成果同社会宣传相结合，进一步提升皮书的专业价值和社会影响力。

二 《广州社会发展报告》研创历程

近年来，广州市社会科学院研创的系列皮书质量显著提升，影响力进一步扩大，这得益于广州市社会科学院不断强化皮书编撰工作的规范管理和系统性支持。一是将皮书纳入院科研工作的规范管理体系，汇聚高校、科研机构、政府部门和企业及其他机构等专家学者的智慧力量，组建"广州研究"学术群体。二是严把质量关口，组织选题论证、研究报告评审和编辑把关审核等多重评审会议，在皮书质量提升和学术规范方面取得显著进步。三是通过建立科学的研究动员机制、评审把关机制及宣传发布机制，逐步将皮书研创打造成枢纽型学术平台。同时，皮书研创助力广州市社会科学院解读广州实践，讲好广州故事，树立良好城市形象，建设新型城市智库。

2013 年广州市社会科学院研创出版第一本"广州蓝皮书"丛书的社会类皮书——《广州社会保障发展报告》，到 2017 年共出版了 5 部。2017 年皮书研创进入发展的瓶颈期，《广州社会保障发展报告》综合评价排名徘徊在中等水平。2018 年，《广州社会保障发展报告》因应广州市社会科学院新型城市智库建设全面转型的要求，书名改为《广州社会发展报告》，皮书的视野、格局、主题有了较大的转变，科学性和专业性有了很大的提升。从 2018 年皮书改名后，《广州社会发展报告》取得了较好的成绩，连续两次获得了 2019~2020 年的“优秀皮书奖”一等奖。

三 《广州社会发展报告（2021）》的框架与内容

2021 年 9 月 27 日，由广州市社会科学院主编的《广州社会发展报告（2021）》正式发布，《广州社会发展报告》每年的架构保持相对稳定，由总报告、社会民生篇、社会治理篇、社会调查篇和专题篇构成。

总报告主要是对广州市社会发展成就的年度总结和分析，综合研判广州市社会发展的总体状况、所处方位和趋势，并提出有针对性的对策建议。《广州社会发展报告（2021）》的总报告回顾了广州市在“十三五”时期社会发展的成就，并指出“十四五”时期，广州市要立足新发展阶段，贯彻新发展理念，全面建设社会主义现代化的枢纽之城、创新之城、智慧之城、品质之城。

社会民生篇主要聚焦公共服务发展领域，就公共服务发展的相关专题进行讨论，《广州社会发展报告（2021）》收录的报告重点分析了新冠肺炎疫情突袭而至给广州市社会民生领域带来的影响，对广州市社会发展的现状和问题进行了多方面的探讨。

社会治理篇将研究主题提升了高度，研创团队参照习近平总书记对广东省和广州市提出“营造共建共治共享社会治理格局走在全国前列”的要求来设置《广州社会发展报告（2021）》的内容，社会治理是广州市社会科学院社会研究所皮书课题组长期坚持的研究领域和方向。

社会调查篇由调查数据库丰富的数据支撑，这部分是皮书课题组多年来取得的优秀成果。调查数据库的数据来源于广州社会科学院给予支持的大型综合社会调查，该项调查在 2015 年开展了一次，2019 年又通过调查问卷的形式在广州市进行了一次全面的调研。研创团队根据调研数据整理、创建了一手数据库，这套自建数据库为“广州蓝皮书”的研创提供了有力的支撑。

专题篇的设置以年度广州市的社会公共服务热点为内容侧重点。《广州社会发展报告（2021）》的专题篇聚焦数字化公共服务，通过问卷调查、走访、相关文献分析等方法，从居民、企业和政府三个维度分析广州市数字化公共服务的现状和存在的问题。

四 《广州社会发展报告》的经验与思考

从皮书内容的特点来看，皮书要重视前瞻性、实证性、学术性和热点性。当今时代的各种媒体都重视社会民生问题，比如 2021 年社会的热点话题是教育、医疗、就业等，皮书就会相应地关注到热点话题以及地方特色。每年的《广州社会发展报告》都会关注广州市社会发展中具有地方特色的热点问题并设置对应的报告，同时结合社会调查增强皮书的实证性。

关于皮书的研创团队，通过多年累积的皮书研创经验，《广州社会发展报告》培养了一个较为稳定的研创团队，这个团队的内核是广州市社会科学院的皮书作者。皮书的内容框架设置、总报告和分报告撰写是广州市社会科学院每年最重要的工作之一，核心皮书研创作者都要参与。除此之外，各个领域的研究和研创，也吸纳了众多不同领域的学者和专家共同参与，构建了学术共同体、命运共同体和皮书研创网络。

关于社会调查的实证研究，研创团队每年针对广州市社会的调研都有不同的侧重点，每年更新自建数据库，关注长期的社会状况调查。同时，研创团队还开展社会民生、社会心态等的调研工作。例如，广州市社会科学院专业团队与政府相关部门合作，共享政府部门调查数据，根据数据展开相关分析与研究。

关于媒体宣传，广州市社会科学院与各地方政府机构建立学术共同体。地方发展类皮书需要关注地方的特色，形成地方的长期发展模式，与地方政府部门、研究机构、媒体部门构建长期的合作关系，及时发布具有广州城市发展特色的智库报告。

1. 社会皮书锐意革新，实现水平的整体跃升

2018 年，广州市社会科学院锐意革新，进行重大调整，将《广州社会保障发展报告》改名为《广州社会发展报告》。2019 年，《广州社会发展报告（2018）》获得了重大突破，获得第十届“优秀皮书奖”一等奖，综合评价得分 97.2 分，在全国皮书综合评价中排名第四，地方社会类皮书第一。《广州社会发展报告》取得这样的成绩要归因于研创团队重视报告的内容质量，重点吸收发展报告和调查报告的特点，重视一手数据的使用和分析，并采纳了较多鲜活的社会发展案例。

2. 以社会调查数据作为支撑，重视皮书内容的实证性

《广州社会发展报告》一直将第一手的社会调查数据作为研究报告的重要支撑，重视实证的社会调查，采取田野调查或访谈等社会调查研究方法获取一手数据资料，这些丰富的实证调研资料不但鲜活地表现社会事实，而且反映居民群众的需求。广州市社会科学院重点支持的社会综合状况调查也是《广州社会发展报告》的重要数据来源。例如，《广州社会发展报告（2019）》社会调查报告的数据主要来自广州市公共服务满意度调查（2018 年），广州、北京、上海、深圳和杭州 5 个城市居民的获得感、幸福感及安全感调查（2018 年），广州市老人生活状况抽样调查（2017 年），广州市环境保护与治理满意度调查（2017 年），广州第三次全国农业普查数据（2018 年）。

3. 设置相对稳定的篇章结构，重视作者团队建设

《广州社会发展报告》的篇章结构相对稳定，主要有社会民生篇、社会治理篇、社会调查篇、社会创新篇等；实行“专人负责，全所参与”的约稿和写稿机制，保证文稿质量。研创团队的成员相对固定，由专人负责不同的分篇报告，长期跟踪相关领域，研创团队成员逐步锻炼成相关领域的专家能手，并熟悉、团结相关领域的作者群体，形成稳定的皮书作者队伍。

《广州社会发展报告》编撰小组经常参加或举办相关领域的学术活动，以皮书为平台建构广州市社会发展研究的学术共同体，广泛挑选相关研究成果编入皮书。

4. 发挥皮书平台枢纽作用，加强与相关单位的沟通与合作

《广州社会发展报告》编撰团队以皮书作为平台，定期上门与市委政策研究室、市政府政策研究室、民政局、教研院、统计局、卫健委等有关部门进行沟通与合作，并争取决策部门优秀的研究报告刊载于皮书，做到实时动态地把握广州市社会发展领域的工作重点、难点以及发展方向，更好地为广州市委、市政府领导决策提供服务。

五 结语

未来，《广州社会发展报告》的研创将聚焦于“十四五”时期的城市发展愿景并服务于城市发展。广州市社会科学院皮书研创团队要做好广州宣传工作，说好广州故事，树立广州形象，总结广州实践经验，继续实现皮书的社会价值和智库成果定位，为政府部门做好人口、就业、教育、医疗、社保等公共服务领域工作提供具有战略性、基础性和前瞻性的政策咨询和决策参考。

以“深圳志愿服务蓝皮书”为抓手推动深圳社会智库与公益慈善事业发展*

曾伟玲**

摘　要： 深圳是全国最早发展志愿服务的城市之一，深圳志愿服务先后经历了初创发展、规范化发展、专业化发展、跨越式发展和质量发展五个阶段，并且在多个领域实现了全国第一。深圳国际公益学院在研创“深圳志愿服务蓝皮书”过程中，形成了四点经验：对特定领域或区域现状与发展态势展开年度监测，以专业的角度、专家的视野和实证研究的方法展开分析和预测；研创团队呼应皮书报告前沿性及时效性的要求，紧贴时事和学术研究领域，关注志愿服务相关的热点及焦点问题；重视数据的收集和开展专项实证研究；研创过程中考虑兼具理论性和实践性，

* 本文根据作者在第二十二次全国皮书年会平行论坛上的发言录音整理而成，已经本人审阅。

** 曾伟玲，博士，深圳国际公益学院社会政策研究中心研究高级总监、高级分析员，曾主持或参与《深圳志愿蓝皮书：深圳志愿服务发展报告》《深圳社会组织蓝皮书：深圳社会组织发展报告》等多本书籍的编译工作。

平衡皮书报告的学术性和理论性。

关键词： 蓝皮书　志愿服务　社会智库

深圳国际公益学院由多位中美慈善家于2015年联合倡议发起，是中国首家独立注册的公益学院。学院秉承“兼爱·师仁”之院训，以慈善引领社会文明为愿景，以培育全球公益典范为使命。学院立足深圳、辐射全国、面向全球，以建设有广泛影响力和创新创业精神的公益学院为目标，致力于培养满足中国和世界公益慈善需求的高级管理人才、推动社会实现可持续发展的榜样型慈善家、社会企业家和新一代公益先行者。作为一个扎根公益慈善领域的社会智库，深圳国际公益学院编撰了《深圳社会组织发展报告（2018）》《深圳社会组织发展报告（2019）》和《深圳志愿服务发展报告（2020）》。通过三年的蓝皮书编撰实践，深圳国际公益学院研创团队积累了一定的经验，充分发挥了皮书研创在经验总结、数据分析、服务检讨和趋势研判上的作用，并在这个过程中也取得了一些成绩：收录于《深圳社会组织发展报告（2019）》中的《改革、创新、合作——深圳社会组织发展路径探索》获第十届“优秀皮书报告奖”一等奖；收录于《深圳志愿服务发展报告（2020）》中的《深圳志愿者发展报告》获得第十二届“优秀皮书报告奖”二等奖。

一　研创“深圳志愿服务蓝皮书”的缘起

志愿服务是社会治理创新的重要路径之一。志愿服务在凝聚社会共识、参与社会治理方面发挥着积极的作用。深圳是全国最早发展志愿服务的城市之一，深圳志愿服务先后经历了初创发展、规范化发展、专业化发展、跨越式发展和质量发展五个阶段，并且在多个领域实现了全国第一：诞生了国内第一个法人志愿者组织、第一批国际志愿者、第一个"义工服务市长奖"、第一张电子义工证，是首个系统性提出建设"志愿者之城"的城市等。深圳的志愿服务经验对于其他地区发展志愿服务具有借鉴意义。

在编撰《深圳志愿服务发展报告（2020）》的过程中，深圳国际公益学院研创团队通过数据分析和案例研究，梳理了深圳志愿服务发展的现状和特点，分析并总结了深圳志愿服务发展的经验；基于议题的重要性和前沿性，在专题报告部分分别从志愿者群体、志愿服务的经济与社会贡献、大学生志愿服务、社区志愿服务、企业志愿服务五个方面开展研究，总结了深圳志愿服务事业在细分领域的发展；并立足典型，呈现深圳扶贫志愿服务、深圳志愿服务 U 站、深圳生态环保志愿服务、深圳公共安全志愿服务等案例。

二　"深圳志愿服务蓝皮书"的研创经验

第一，充分发挥皮书编委会作用。皮书对特定领域或区域的现状与发展态势展开年度监测，以专业的角度、专家的视野和实证研究方法展开分析和预测，其成果对于实践研究具有重大的价值和意义。无论从最初的选题探讨、资源链接，还是研创过程中邀约作者、与作者的沟通，甚至是后期的审稿和修改，编委会都可以扮演十分重要的角色，因此动员编委会成员参与皮书研创，充分发挥编委会的作用十分重要。

第二，研究主题聚焦年度热点。为了呼应皮书报告前沿性及时效性的要求，“深圳志愿服务蓝皮书”在选题立项的时候就开始下功夫。研创团队紧贴时事和学术研究领域，关注志愿服务相关的热点及焦点问题，并通过一定的逻辑主线把前沿领域的问题串联起来。编委会就多个方案进行充分讨论，选定方向。研创团队根据拟定的方案再去邀约熟悉对应议题的专家学者参与报告的创作，确保皮书整体的一致性和内容的原创性。

第三，数据来源为权威部门发布的数据和实证调研获得的一手数据。重视数据和实证研究是皮书报告区别于一般性报告的显著特点。皮书报告往往能披露许多区域性或者专题性的数据，这些数据或者是来源于地方党政机关的权威数据，或者是实证调研获得的一手数据，对研究有重大裨益。在编撰《深圳志愿服务发展报告（2020）》的过程中，研创团队特别重视对数据的收集。“深圳志愿服务蓝皮书”研创团队在共青团深圳市委的指导和深圳市义工联合会的大力支持下，收集汇总了志愿深圳上的平台数据，同时，收集整理了已公开的权威数据，从宏观数据上分析深圳志愿服务发展 30 多年的变化。另外，研创团队组织开展实证研究，通过问卷调查和访谈座谈收集数据和资料。研创团队开展了两个专项调研，覆盖了近 5000 份样本，力求数说深圳志愿服务，反映深圳志愿者发展及大学生志愿服务的基本情况。

第四，皮书研创需要兼具理论性和实践性。研创团队在设计调查问卷时，有意识地从文献综述中有关志愿者的前沿理论研究出发，设计调研问卷；开展实地调研、访谈座谈、专题研讨等工作，并邀请专家学者对整体内容进行把关，平衡皮书报告的学术性和理论性。

三　皮书研创所面临的挑战及未来发展趋势

皮书强调连续性和时效性的特点在一定程度上给皮书研创带来了重大挑战。首先，研创皮书需要大量的资金投入，出版费用也是相当大的一笔支出，社科类研究获得资助出版的不多，并且获得的资助也不稳定。这导致了一些选题尽管很优质，但缺乏资金支持，被迫放弃，资源导向生产未必能同时产出优质内容，更难保证皮书出版的连续性。其次，研究数据收集需要较长的周期，每年数据发布的频率不统一让数据收集和分析存在困难；并且社会层面的成效往往需要更长的时间，一年的周期中数据变化和议题成效有限，对皮书研创的连续性和时效性的要求在一定程度上局限了选题方向和研创的可行性。因此可以探索对优质选题和优质研创团队调降出版资费，或者链接资助资源的路径；放宽连续性和时效性的要求，在频率上做调整，比如 2 年出一部皮书也视为连续性出版物。

但总的来说瑕不掩瑜，皮书对发展状况和热点问题的追踪监测、分析和预测，其以实证为本，强调数据成果对理论和实践研究重要的参考作用。作为“深圳志愿服务蓝皮书”系列的首部成果，《深圳志愿服务发展报告（2020）》在推动深圳志愿服务事业中发挥了咨政建言、经验推广、促进国际交流等重要作用。

相信在进一步推广后，皮书的数据价值将愈发凸显，皮书报告的被引用率将大幅提升，皮书的权威性也将进一步加强。深圳国际公益学院的皮书研创团队会继续深挖数据价值，做好前沿议题研究和动态追踪监测，为全国的公益慈善事业研究提供参考和借鉴，不断推动公益慈善事业的发展。

“社会组织蓝皮书”创新超越再出发*

徐　明**

摘　要：经过70年的建设发展，社会组织逐渐成为我国国家治理体系和治理能力现代化的重要主体之一，在贯彻新发展理念，构建新发展格局的过程中发挥着越来越重要的作用。《中国社会组织报告（2020）》总结了新中国成立70年来中国特色社会组织的创新发展，同时对作为社会组织不同类属的社会团体、民办非企业单位、基金会、慈善组织的发展状况及特征进行分类报告。未来，“社会组织蓝皮书”在前10部蓝皮书研创经验的基础上，更加注重数据指数和模型的运用，聚焦重大国家战略需求，确保“社会组织蓝皮书”的成果转化，紧跟新时代赋予中

* 本文根据作者在第二十二次全国皮书年会平行论坛上的发言录音整理而成，已经本人审阅。

** 徐明，《社会组织蓝皮书：中国社会组织报告（2020）》执行主编，中国社会科学院大学商学院教授、博士生导师、国家治理现代化与社会组织研究中心执行主任、中国人才研究会副秘书长，主要研究方向为社会治理、公共安全与应急管理、人才开发。

国社会组织的使命要求，继续认真研创，推陈出新，将“社会组织蓝皮书”向前推进。

关键词： 社会组织　数据模型　成果转化

一　“社会组织蓝皮书”的发展历程

中国的社会组织正成为经济社会发展中的一支重要力量。虽然依然存在着一些自身制约因素和外部障碍，但随着中国特色社会主义进入新时代，中国社会组织正迎来一个空前的历史发展机遇，在国家治理体系中的地位和作用进一步巩固和提升。党的十九大报告将社会组织纳入中国特色社会主义事业“五位一体”总体布局，社会组织成为新时代全方位参与国家建设的重要力量[①]。党的十九届五中全会通过的《中共中央关于制定国民经济和社会发展第十四个五年规划和二〇三五年远景目标的建议》中提出要建设人人有责、人人尽责、人人享有的社会治理共同体，发挥群团组织和社会组织在社会治理中的作用[②]。社会组织逐渐成为推动社会治理重心向基层下移的主体力量。自2008年起，中国社会科学院大学（研究生院）与社会科学文献出版社合作编撰出版了10部“社会组织蓝皮书”，受限于数据收集、研究团队，虽然并未每年出版，但也保持了皮书出版

① 习近平：《决胜全面建成小康社会　夺取新时代中国特色社会主义伟大胜利》，《人民日报》2017年10月28日，第001版。

② 《中共中央关于制定国民经济和社会发展第十四个五年规划和二〇三五年远景目标的建议》，《人民日报》2020年11月4日，第001版。

的连续性。研创团队本着顺应时代、推陈出新的原则，在继承的基础上不断创新，希望能以原创的研究成果推动对中国社会组织的深入研究。

“社会组织”这个名词具有时代性。2006年，党的十六届六中全会将民间组织确定为社会组织，[①] 原《中国民间组织报告》由此更名为《中国社会组织报告》。这一改变不但让社会组织的名词概念、内涵和外延界定更为清晰，不再复杂混乱，而且“社会组织蓝皮书”研创的内涵和外延也都有了许多变化。在“社会组织蓝皮书”研创的13年间，历届研创团队共撰写了200余篇报告，总计约350万字。一批批优秀的社会组织研究领域的学者们挥洒汗水、奉献真知灼见，逐渐构建起“社会组织蓝皮书”研创的理论框架、方法模式、实践构型。前面10部“社会组织蓝皮书”研创团队的优秀学者们为第11部以及以后的“社会组织蓝皮书”研创打下了坚实基础，为“社会组织蓝皮书”的“知识大厦”奠定了理论基石和方法导向，同时他们的研创精神也不断激励着新一届的研创团队推陈出新，创新超越。

“社会组织蓝皮书”主要有三种类型的受众群体：党和政府相关部门、高校学者、社会组织领域的实务工作者。为党和政府决策提供参考是“社会组织蓝皮书”核心的价值取向，利用“社会组织蓝皮书”指导下一年度的社会组织实践是“社会组织蓝皮书”最重要的价值取向，也是“社会组织蓝皮书”历史传承的社会贡献。

---

① 丁惠平：《依附、发轫与同构：当代中国社会组织发展历程》，《学习与探索》2019年第10期。

二 “社会组织蓝皮书”的研究视角及关注重点

“社会组织蓝皮书”在13年的研创过程中，不断进步，取得了一定的成果。“社会组织蓝皮书”从数据和调查两方面确定了皮书的选题。

（一）利用数据搜集核心聚类词汇

首先，研创团队以检索式：“篇名（词）= 社会组织 or 民间组织 or 民间团体 or 非营利组织 or 非盈利组织 or 非政府组织 or 基金会 or 社会中介组织 or 社会组织机构 or 第三部门，入库时间 = 1998~2019年，文献类型 = 论文”，在CSSCI（全国中文核心期刊数据库）中搜集1998~2019年将近20年间关于社会组织研究领域的核心标签，共查找到4901篇文献，在中央“三报一刊”上共搜集到1570篇文献。其次，CiteSpace可视化分析软件能够通过可视化的手段来呈现科学知识的结构、规律和分布情况，显示科学知识的发展进程与结构关系[①]。研创团队基于收集到的文献信息，利用CiteSpace数据软件以社会组织为对象，通过图谱展示、聚类技术等显示其关键词、研究者等发展进程与结构关系，针对社会组织的相关文献的共引进行分析，挖掘引文空间的知识聚类和分布。经过分析和研究，共得到八大类核心聚类词汇，再将八类核心聚类词汇排列组合之后得到四类核心聚类词汇。一是社会组织创新发展。这是近几年的核心热点词汇，新中

① 李杰、陈超美：《CiteSpace：科技文本挖掘及可视化》，首都经济贸易大学出版社，2017，第2页。

国成立 70 年来，社会组织创新发展取得了大量的成就，"国家—政党—市场—社会"四分法发展新型党政社关系，全面发挥社会组织作用，依法依规打击整治非法社会组织，加快社会组织去行政化，并且不断推动社会组织走出国门参与全球治理[①]。二是政社关系。也就是政府与社会组织之间的关系，在政府购买服务的背景下，政社关系从控制依附、合同契约向合作伙伴关系演变，在购买服务背景下追求政府与社会组织之间相互补充、共同发展，双方应通过共同努力，不断完善共建、共享、共治的合作治理关系[②]。三是社会组织在国家治理体系和治理能力现代化建设当中的作用。社会组织作为我国国家治理体系和治理能力现代化的重要主体之一，应在构建新发展格局的过程中发挥出应有的作用。在国内方面，社会组织要促进自身高质量发展，在"六稳""六保"重大决策部署中发挥独特作用，在国际方面，社会组织应深化参与全球治理的程度，在政府不方便参与的领域发挥自身非政府组织的优势。四是全球治理。社会组织是中国在全球公共卫生协同治理领域走出去的重要载体，2020 年新冠肺炎疫情突袭而至，社会组织作为全球公共卫生协同治理战略中的重要组成部分，凭借其独特优势与功能，在全球公共卫生协同治理的舞台中发挥着不可替代的作用，但也面临着严峻的挑战[③]。研创团队将这四类核心聚类词汇作为 2020 年版"社会组织蓝皮书"研创重点关注的议题。党的十八大以来，社会组织领域出现了突发性贡献关键词，研创团队将突发性贡献关键词与 20 年的核心

① 黄晓勇主编《中国社会组织报告（2020）》，社会科学文献出版社，2020，第 24~31 页。

② 黄晓勇主编《中国社会组织报告（2020）》，社会科学文献出版社，2020，第 277~285 页。

③ 黄晓勇主编《中国社会组织报告（2020）》，社会科学文献出版社，2020，第 174 页。

聚类词汇统和，最终得到社会组织法制化、政社关系、社会治理、国家治理现代化四个核心聚类词汇，并将其作为“社会组织蓝皮书”的议题。

（二）深入开展前期调研

除了大数据确定的主要议题外，研创团队还开展深入调研。研创团队与北京市民政局以及北京市委社会工作委员会建立联系，积极参与北京市社会建设相关课题的评审会、研讨会，例如参与回天社区治理问题的研讨会。在这个过程当中，研创团队不仅仅从学术角度出发寻找议题，还和北京市民政局、北京市委社会工作委员会的相关职能部门如社会组织管理处、社区处、社区政权建设处、党建处等进行大量的交流和合作，多次参加北京市委社会工作委员会的研讨会，进行多次的访谈并得到了许多关于社会组织研究切入视角的意见。由此得出，“社会组织蓝皮书”的研创团队不能单一化，不能仅仅是中国社会科学院体系内外的专家学者参与，还要有研究型的政府官员参与。在2020版“社会组织蓝皮书”作者团队的遴选过程当中，研创团队邀请了三分之一左右的研究型政府官员参与研创，以确保研究问题的价值导向得到有力回应。同时，在参与研讨、合作的过程中，研创团队不断收集社会组织相关数据和信息，以收集到的实际数据为支撑进行社会组织的相关研究，保障研究的真实性、可靠性。

根据前期的调研、数据的收集和作者团队的选取，2020版“社会组织蓝皮书”的目录最终定为总报告、分报告、实证篇、热点篇、专题篇、案例篇和附录篇七大板块，在社会组织发展总报告下又分别推出关于社会团体、民办非企业、基金会、慈善组织发展的分报告，针对社会团体、民办非企业、基金会、慈善组织的不同发展状况及特征进行分类阐述。同时，基于热点事件——新冠肺炎疫情突袭而至，总结了社会组织参与新冠肺炎疫情防控的实践经验，增添了社会组织参与公共卫生应急管理和全球公共卫生协同治理的内容。另外，附录篇对 2019 年中国社会组织大事记和热点事件进行了回顾，列举了中国社会组织的相关政策法规，梳理了 1949~2020 年 70 年间中国社会组织发展的极简史，这些内容均给 2020 版的“社会组织蓝皮书”增色不少。

三 “社会组织蓝皮书”的创新之处

第一，针对社会组织的分类撰写分类报告。《中国社会组织报告（2020）》更加注重对社会组织内部不同类别的分析，在梳理 70 年来社会组织整体发展情况的基础上，对社会团体、民办非企业单位、基金会、慈善组织的发展状况分别加以呈现。过去的“社会组织蓝皮书”只有社会组织总报告，2020 版“社会组织蓝皮书”中对社会团体、民办非企业单位、基金会、慈善组织分别做了分报告，每一篇分报告都在 1.6 万字左右。

第二，更加注重数据指数和模型的运用。数据指数的获取主要有两方面：一是邀请中国社会科学院大学经济学院和商学院的教授，专门就社会组织对中国经济发展的影响做数据分析，并形成报告。学者们采用了 EBS、wind 金融等工业企业的经济数据库，保证了数据的丰富性。二是收集历年的《中国民政统计年鉴》。“社会组织蓝皮书”大致稳定在每年 8 月出版，但每年全版的《中国民政统计年鉴》难以获取，只有民政部在官方网站上公布的四季度统计数据中很少量的数据可用。在 2020 版“社会组织蓝皮书”的编撰过程中，研创团队专门和民政部取得联系，商请社会组织相关数据，为“社会组织蓝皮书”充实了数据，为分报告撰写奠定了基础。研创团队不但使用省级面板数据模型、面板文献模型等，而且更加关注指数，例如泰尔指数。泰尔指数是一种相对差距分析方法，最早用于测算各国之间的收入水平差异，后被广泛用于衡量国家间、地区间经济、人口、环境等方面的差异①。在 2020 版“社会组织蓝皮书”中，研创团队在总报告和分报告中使用泰尔指数将“十四五”规划提及的区域不协调、结构不平衡等问题进行呈现，将我国各省（区、市）细分为华东、华中、华南、华北、西南、西北和东北七大地理分区，并借助泰尔指数分解方法来测算我国社会组织的空间差异，并按华东、华中、华南、华北、西南、西北和东北七大地理分区进行结构分解。由此，可以有效呈现出我国社会组织数量发展区域差距的结构性特征。

第三，聚焦重大国家战略需求。皮书报告不能仅仅是书斋里的学问，学术界关注的点不一定是国家所需的点。因此，“社会组织蓝皮书”的研创团队把重大国家战略层面提及的相关区域和社会组织的发展情况进行分类报告，针对国家重大战略发展区域，将不同区域的社会组织，尤其是区域内部的不同发展态势加以呈现并进行分析。研创团队主要聚焦五个重大国家战略区域：京津冀地区、粤港澳大湾区，长三角一体化区域、长江经济带，以及黄河流域生态保护和高质量发展区域，这五大重大国家战略区域联南接北、承东启西，构建起了优势互补高质量发展的区域发展

① 唐文敏、赵媛、许昕、崔盼盼、夏四友：《中国社会组织发展的时空演化与影响因素》，《人文地理》2020 年第 1 期。

格局。每个重大战略区域涉及省份的社会组织发展发生的结构变化，都在报告中进行了呈现。此外，本系列报告还聚焦政府与社会组织的关系、社会组织管理法制化建设、社会组织助力脱贫攻坚、社会组织参与公共安全治理等社会组织发展的热点领域，对这些热点领域进行了深入的探究和剖析。

四　促进“社会组织蓝皮书”的成果转化及社会影响力

2020年版“社会组织蓝皮书”其中一篇报告：《2019年民办非企业单位的发展报告》，不仅获得了第十二届“优秀皮书报告奖”的二等奖，还被相关政府委办局采纳。

在拓展皮书影响力方面。一是在主编的要求和指导下，研创团队购买几百本蓝皮书向各地方社会科学院的科研处寄送，向各省、自治区、直辖市的社会组织管理局寄送。通过寄送“社会组织蓝皮书”，研创团队累计与25个省级社科院的科研处建立联系，与24个省级的社会组织管理局取得初步联系。研创蓝皮书要摈除功利思想。皮书的研创过程是一个长期的过程，除了平台搭建以外，还要和政府、专业领域，以及相关的专家团队进行不间断的、持续的沟通、协调以及组合，使蓝皮书的研究成果能够真正服务社会经济的发展。二是召开皮书发布会，提升“社会组织蓝皮书”的社会影响力。研创团队依托社会科学文献出版的媒体资源，邀请国内顶级媒体助力，于2020年10月30日召开《中国社会组织报告（2020）》发布会，发布会获得国际媒体、全国性一类媒体的大量报道，同时，研创团队也注重新媒体平台的建设，开设与“社会组织蓝皮书”相关的微博、微信、学习强国号，并定期更新与皮书有关的信息内容，提升“社会组织蓝皮书”的关注度，扩大了“社会组织蓝皮书”的社会影响力。

五 “社会组织蓝皮书”再出发

“社会组织蓝皮书”再出发的主要原因是研创团队发生巨大变化。在2021年版“社会组织蓝皮书”的研创过程中，研创团队尝试了创新：一是组建全新的编委会。编委会成员主要来自中国社会科学院、知名高校、政府部门，并由这些编委会成员对每一篇报告从政治导向、智库报告、学术性、问题导向四个方面进行匿名评审并给出相关意见。将编委会成员调动起来，并采取匿名评审的方式是为了在源头上把住报告的“质量关”，确保“社会组织蓝皮书”的规范性和内容质量。尽管“社会组织蓝皮书”研创团队的成员不断更新，但只要主创团队一心执着，目标明确，就能促进“社会组织蓝皮书”再出发。二是研创团队重新出发，在继承往年专题篇、案例篇等基础上进行创新。在2021年版“社会组织蓝皮书”的研创过程中，研创团队立足2020年社会组织的发展成就，对社会组织的未来发展进行展望，在社会组织发展总报告下分别推出社会团体、民办非企业单位、基金会、慈善组织、社会企业发展分报告，同时，总结了社会组织在参与新冠肺炎疫情重大公共卫生事件防控中的重大贡献和经验，增添了社会组织党建工作、社会组织提供教育服务等方面的内容。

未来，“社会组织蓝皮书”将一如既往观察社会组织的发展变化情况，面向经济主战场、国家重大战略区域所需。作为皮书的研创者，我们期待为各界奉献关于社会组织研究的年度智库报告、理论前沿和权威分析，也期待“社会组织蓝皮书”能为更多关心社会组织、国家治理现代化的各界人士提供参考和依据。默默耕耘眼前事，不愁前路无知己。愿更多的有识之士关注中国社会组织的发展，为推进国家治理体系和治理能力现代化添砖加瓦。

全力发挥皮书的咨政启民功能，“德国蓝皮书”十年研创之路*

郑春荣**

摘　要： 自2012年以来，同济大学德国研究中心已经编撰出版10部“德国蓝皮书”，并取得了一定的成果，“德国蓝皮书”业已成为中国研究德国领域的权威参考文献之一，皮书也推动了同济大学德国研究中心作为高校智库的发展。本文分为三个部分：一是对皮书的咨政启民功能认识的阐述；二是结合“德国蓝皮书”十年研创的实践体会，即将皮书研创与智库建设紧密结合，提出皮书研创的高效意义；三是提出“德国蓝皮书”在新的发展格局下的努力方向，具体包括：做好皮书研创工作，尤其是要做好选题谋划工作；进一步发挥“德国蓝皮书”在加

* 本文根据作者在第二十二次全国皮书年会平行论坛上的发言录音整理而成，已经本人审阅。

** 郑春荣，同济大学外国语学院党委书记、同济大学政治与国际关系学院副院长、同济大学德国研究中心主任，德国问题研究所/欧盟研究所所长、教授，《德国研究》杂志常务副主编、《德国蓝皮书：德国发展报告》主编。

强和改善国际传播中的作用；进一步挖掘皮书的增值效应，产出更多衍生产品。

关键词：“德国蓝皮书”　咨政启民　皮书研创

“德国蓝皮书”走过了10年的研创之路，其发展过程与作为高校智库的同济大学德国研究中心的成长过程相伴相随。同济大学德国研究中心通过深入挖掘、全力发挥皮书的咨政启民功能，推动皮书研创与智库建设双轮驱动，不断提升智库的影响力。

一　对皮书咨政启民功能的认识

智库具有咨政启民的功能，而皮书可以成为智库建设的标志性载体，两者之间可以相互促进。智库的评价指标一般包括政策影响力、社会影响力、媒体影响力、国际影响力和学术影响力，皮书可以在这些影响力上做出自己的贡献，为智库建设添砖加瓦。

1. 政策影响力

首先，皮书是权威的形势分析报告，基于翔实的资料和精确的研判，其决策咨询价值是不言而喻的，尤其是经过若干年的积累，其资料和数据价值也会进一步提升。不过，也必须看到，皮书整体作为咨政报告，咨政性相对较弱，但是，可以从皮书的总报告、分报告及其他内容报告中提炼观点，衍生、拓展形成专报，通过智库的专报系统进行报送，从而提高服务决策的针对性。

2. 社会影响力

皮书一定要举行发布会，而且，可以和学术研讨会结合起来举行。与此同时，智库的研究人员及皮书研创团队应注重皮书内容的日常推介，跟踪相关议题，持续发表专业的判断，以此作为皮书内容的延伸。

3. 媒体影响力

媒体影响力与社会影响力紧密相关，有些智库评价也将其直接归入社会影响力。皮书应定时发布，利用各种传播媒介，包括直播手段，对皮书内容与观点广为传播。发布的时间点应做好选择，结合一些对象国和区域的重大事件，提高媒体的关注度。

4. 国际影响力

皮书可以根据选题的需要，邀请国际学者参与研创，由此，可通过国际学者及其机构的影响力扩大皮书在国际范围的影响力。此外，皮书报告的观点也可编译成外文，定期出版外文版，促使皮书走向国际化，大幅提升皮书的国际影响力。

5. 学术影响力

咨政类的应用对策研究，需要基础研究的支撑。高校的智库建设、皮书研创也尤其需要与学科联动，否则就会出现学科建设与智库建设“两张皮”的情况。

综上所述，在研创皮书、发挥其咨政启民作用的过程中，我们特别需要注意的是，不应将皮书出版看作皮书研创的唯一目的，而应看到皮书的多元属性和多重价值。第一，要将皮书看作是一个产品（Product）：皮书具有鲜明的智库产品属性，注重趋势研判，时效性强，尤其是形成连续性出版物后，具有价值叠加效应，因此要从产品生命周期角度进行有组织的研创。第二，把皮书研创看作是一个流程（Process）：皮书从选题谋划到后期推广是一个循环往复的过程，应做好流程管理，做好前端、后端的谋划。即使皮书发布之后，皮书作者相关的评论文章也是皮书研创的一个延伸，因此要对皮书进行全链条式的管理。第三，要将皮书看作一个平台（Platform）：皮书是汇聚学界专家学者、实务领域决策者、媒体人士和普通读者的平台，应做好共同体的平台搭建和维护工作，形成“全员式”联网。

二 “德国蓝皮书”十年研创的实践体会

自2012年以来，同济大学德国研究中心团队在皮书评审专家的指导下，不断探索，已经连续出版10部“德国蓝皮书”。“德国蓝皮书”先后获得了一系列的优秀皮书奖和优秀皮书报告奖，尤其是连续获得全国第十一届和第十二届“优秀皮书奖”一等奖。

这些荣誉的取得实属不易，我们的经验是，要走皮书研创和智库建设紧密结合之路。同济大学有着悠久的对德研究历史，为了凝聚学校各个学科、各个研究机构的对德研究力量，同济大学成立了跨学科、跨机构的平台——同济大学德国研究中心，经过10年左右的发展，同济大学德国研究中心现在是教育部国别与区域研究培育基地。在教育部最近一次评估中，同济大学德国研究中心被列入高水平高校智库建设系列，同时入选了上海高校智库（一类）。另外，依托同济大学德国研究中心成立的同济大学中德人文交流研究中心，是教育部中外人文交流研究基地。皮书已经成为同济大学德国研究中心（智库）的标志性成果之一，由此形成了德国研究系列产品：德国研究在线、“德国蓝皮书”、《德国研究》杂志、数据库和决策咨询报告。通过皮书研创，同济大学德国研究中心的产品更加系列化，形成网、书、刊、库、报告等各平台相互支撑的合力。

笔者认为，皮书研创的高效作用在于：第一，皮书研创催生了新的具有现实意义的研究议题，有助于形成具有决策咨询价值的内参。通过皮书研创，高校教师在基础研究的基础上，关注、跟踪现实热点议题，拓展了研究视角，提高了服务国家决策的意识和能力。第二，皮书研创汇聚了智库人才，形成了学科主岗和智库副岗之间的结合，实现主副岗之间的联动和协调。由此，每一位教师都可以在相关学院从事基础研究（主岗）的同时，在智库从事应用对策研究（副岗），产出成果增量。第三，皮书研创培养了智库人才，研究人员能针对不同目标群体撰写不同的“文章”。除了学术论文，研究人员也能产出咨政报告、形势报告、媒体评论文章等，皮书研创成为学科教师科研产出的第二根支柱。第四，皮书研创衍生出了新产品。同济大学德国研究中心正在搭建“中德关系”“中欧关系”数据库，它们不仅是文献库，更要提供初步的可视化分析结果，由此通过大数据支撑皮书研创，数据库成为智库的又一标志性产品。第五，皮书研创推动了智库的体制机制创新，包括标准体系、评价体系、激励体系、保障体系等。例如，皮书研创不仅推动了主副岗机制的形成，而且也推动了多元化成果评价体系的引入，这也符合“破五唯”背景下学科评估的新导向。最近一轮的学科评估充分认可哲学社会科学学科在政策咨询、智库建设、公共服务和弘扬中华优秀传统文化等方面的贡献，加大了社会服务“案例”的权重，丰富了“案例”的内涵。由此，皮书研创也能为参加学科评估提供助力。

就“德国蓝皮书”来说，我们在做强皮书的同时，也进一步做强了同济大学德国研究中心。首先通过皮书研创，扩大了同济大学德国研究中心的国内外社会影响力和媒体影响力。每年“德国蓝皮书”都会注意发布会时间节点的选择，寻找关键的时间节点，尽量与中德关系中的大事件结合，扩大发布会以及皮书内容的媒体和社会影响力。例如，2021 年，德国举行大选后的第二天发布了 2021 年版“德国蓝皮书”。“后默克尔时代”的德国内政外交的走向，是国内外学界和读者普遍关心的议题，此时发布“德国蓝皮书”必将引起国际国内社会的广泛关注。其次，通过皮书研创，扩大了“德国蓝皮书”与国内学界（学会）的交流与合作。我们有意识地将“德国蓝皮书”发布会与中国欧洲学会及其德国研究分会的学术研讨会相结合，扩大“德国蓝皮书”在德国以及欧洲研究界的学术影响力。再者，通过皮书研创，扩建“德国蓝皮书”与国际学术共同体的联系，提高“德国蓝皮书”在国际的认同度和影响力。2017 年 7 月，同济大学德国研究中心、德中企业家联合会（汉堡）、德国全球与区域研究所（GIGA）在 G20 德国汉堡峰会期间，联合主办“全球化与我们”暨“一带一路”中德合作论坛。与会的“德国蓝皮书”研创团队在论坛中积极寻找机会，对“德国蓝皮书”及其有关内容进行国际传播和推广。笔者认为，国际问题研究类（包括研究对象国和区域类）皮书，其研究成果的学术价值得到国际学术共同体的认同非常重要。

在皮书发布后，我们也继续通过各类传播媒介保持社会各界对“德国蓝皮书”的关注度。“德国蓝皮书”作者的衍生产品会在“同济大学德国研究中心”微信公众号、“德国蓝皮书”微信公众号，“中德人文交流”微信公众号等平台上展现。此外，“德国蓝皮书”作为平台，也与媒体保持紧密互动，从供需两侧做好协调，主动撰稿或向媒体约稿，甚至设置专栏，如在澎湃新闻设置“同观·德国”专栏，确保皮书作者持续在媒体发声。同时，德国研究中心的研究员每年在国内外主流媒体发表署名文章70余篇，并经常性接受各类媒体采访，这也是“德国蓝皮书”研创过程的组成部分。

三　新发展格局下“德国蓝皮书”的努力方向

习近平总书记指出，“新发展格局是根据我国发展阶段、环境、条件变化提出来的，是重塑我国国际合作和竞争新优势的战略抉择”[①]。无论是智库建设还是皮书研创，我们都要充分认识新发展阶段的机遇和挑战，提高站位，加强谋划，积极作为，努力实现高质量发展。

结合“德国蓝皮书”的研创经验，笔者认为，在新发展格局下，“德国蓝皮书”研创团队可以重点在以下几个方向进一步发力：

第一，从服务新发展格局下国别与区域研究的需要出发，做好皮书研创工作，尤其要做好选题谋划工作，要研究“大”问题、“真”问题，国家急需研究的问题。与此同时，考虑到我们要解决的问题和面临的形势越来越复杂，要注重多学科协同攻关，加强“有组织的科研”“有组织的皮书研创”，产出更高质量的咨政成果。

第二，进一步发挥“德国蓝皮书”在加强和改善国际传播中的作用，使皮书成为促进中德人文交流、对德讲好中国故事的

① 《习近平主持召开经济社会领域专家座谈会并发表重要讲话》，中国政府网，2020年8月24日，http：//www.gov.cn/xinwen/2020-08/24/content_ 5537091.htm。

载体之一，探索并开发与国外学者合作的新模式，并长期致力于建立全球德国及欧洲研究协同网络，利用协同网络推广皮书观点与作者。皮书，尤其是国别区域类皮书可以在“采用贴近不同区域、不同国家、不同群体受众的精准传播方式，推进中国故事和中国声音的全球化表达、区域化表达、分众化表达，在增强国际传播的亲和力和实效性”[①] 方面，发挥更大作用。

第三，进一步挖掘皮书的增值效应，产出更多衍生产品，使各类产品之间形成相互支撑和促进的合力，与此同时，利用皮书影响力，筹措资金设立同济大学德国与欧洲研究基金，搭建高端论坛，从而进一步提升皮书和智库的多方面影响力。在此过程中，也可以提高智库的资源“造血”功能，通过提供更好的成果，获取更多的资源，以此确保智库发展和皮书研创的可持续性。

随着“德国蓝皮书”进入第二个十年，我们需要坚持智库建设的“方向性、战略性、原创性、科学性、综合性、开放性”，进一步发挥皮书的咨政启民功能，推动皮书研创高质量发展，推动皮书研创与智库建设的双轮驱动，持续地产出高质量的咨政成果，践行服务国家经济社会发展和外交战略的使命与担当。

参考文献

《扎实做好第五轮学科评估工作　助力高等教育内涵式发展——教育部

① 《习近平：讲好中国故事，传播好中国声音》，求是网，2021 年 6 月 2 日，http://www.qstheory.cn/zhuanqu/2021-06/02/c_1127522386.htm。

学位与研究生教育发展中心负责人就〈第五轮学科评估工作方案〉答记者问》，中华人民共和国教育部，2020 年 11 月 3 日，http：//www. moe. gov. cn/jyb_ xwfb/s271/202011/t20201102_ 497816. html。

马冉：《推进新发展格局下的新型智库建设》，《中国工业和信息化》2021 年第 12 期。

魏登才：《论新型智库高质量发展的“四大体系”建设》，《智库理论与实践》2019 年第 1 期。

《习近平在中共中央政治局第三十次集体学习时强调　加强和改进国际传播工作展示真实立体全面的中国》，新华网，2021 年 6 月 1 日，http：//www. xinhuanet. com/politics/leaders/2021-06/01/c_ 1127517461. htm。

杨宜勇：《新时代国家高端智库建设的“六性”问题》，《社会科学文摘》2019 年第 3 期。

杨亚琴：《中国特色新型智库现代化建设的若干思考——以智库影响力评价为视角的分析》，《中国科学院院刊》2021 年第 1 期。

打造学术共同体，为贵州省经济社会发展服务

——研创《贵州社会发展报告》的体会*

王兴骥**

摘　要：《贵州社会发展报告》已经连续编撰出版12年，在多年的皮书编撰出版实践中，研创团队逐渐摸索出“1234”的高质量发展路径，即把高质量发展作为皮书研创的主线；紧紧围绕国家和贵州省委的重大战略，围绕贵州省社会发展的热点难点展开相关研究；打造党政部门、社科研究机构、高等院校三个学术团队；注重成果转化、注重学术敏感度、注重人才培养、注重科研环境打造。未来，贵州社会发展报告将重点关注城市社区社会治理，围绕国家、社会热点问题开展基层社会治理研究，提高蓝皮书的质量。

关键词： 基层社会治理　多元性　数据转化

* 本文根据作者在第二十二次全国皮书年会平行论坛上的发言录音整理而成，已经本人审阅。

** 王兴骥，贵州省社会科学院城市经济研究所所长，二级研究员，《贵州蓝皮书：贵州社会发展报告》主编，主要研究方向为社会学、人口学、地方历史与文化。

《贵州社会发展报告》创建于2007年，是贵州省社会科学院以社会主义和谐社会构建研究为主成立的贵州省和谐社会建设研究中心的项目，当年“贵州社会发展形势分析与预测”被列为贵州省社会科学院的重大课题，并成为省社科规划办的重点课题，先后在贵州人民出版社、贵州教育出版社出版了共2部《贵州社会发展报告》。由于组稿时间限制，蓝皮书的出版时间不稳定，多在年中和年末出版，失去了对当年贵州省社会发展形势的分析以及预测作用，蓝皮书的功能未得到很好的发挥。

2010年，笔者作为贵州省社会科学院社会研究所所长接任《贵州社会发展报告》的主编，为了提高《贵州社会发展报告》的质量，在征得贵州省社会科学院主要领导的同意后，将《贵州社会发展报告》交予社会科学文献出版社出版，纳入了皮书系列，现已经连续编撰出版了13部。

一 《贵州社会发展报告》研创的主要做法

在10多年的研创过程中，《贵州社会发展报告》的研创团队逐渐摸索出“1234”的蓝皮书高质量发展路径。即一条主线：把高质量发展作为皮书研创的主线；两个围绕：紧紧围绕国家和贵州省委的重大战略，围绕贵州省社会发展的热点难点问题展开相关研究；三个团队：在皮书研创过程中着力打造党政部门、社科研究机构、高等院校等三个学术团队，构建《贵州社会发展报告》的学术共同体；四个注重：注重成果转化、注重学术敏感度、注重人才培养、注重科研环境的打造。这条高质量的发展路径使得《贵州社会发展报告》质量有了较大提高，发展较快，在地方社会发展类蓝皮书中名列前茅，入选中国社会科学院创新工程出版项目。《贵州社会发展报告（2017）》获第九届“优秀皮书奖”三等奖，《2015~2016年贵州省社会发展形势分析与预测》获第八届“优秀皮书报告奖”三等奖。研创团队还召开皮书新闻发布会，使得《贵州社会发展报告》在学术界、政府部门的社会影响逐渐扩大。

（一）一条主线

在研创过程中《贵州社会发展报告》研创团队紧紧围绕提高蓝皮书发展质量展开相关工作。研创团队刚接手《贵州社会发展报告》编撰工作时，两眼一抹黑，不知道从何入手，只能与贵州社会学会各成员单位取得联系，根据成员单位现有课题来拟定《贵州社会发展报告》的框架栏目，因此最初几年《贵州社会发展报告》的框架简单，仅包括总报告、综合报告和专题报告这几部分，处于《贵州社会发展报告》编撰的探索阶段。2015年后，《贵州社会发展报告》的编撰工作开始从被动向主动转变，表现为出版时间提前到每年的第一季度。每年年初《贵州社会发展报告》课题组根据贵州省的重大战略和社会热点难点问题设定研究栏目，征询社会发展相关职能厅局关于重大问题选题的意见；《贵州社会发展报告》研创团队初拟研究题目，获得编辑部认可后进行深入的调研、写作；每年9月作者提交研究报告初稿，责任副主编对稿件进行审稿，提出修改意见和建议；10月作者提交修改稿，经编辑委员会进一步审稿后确定当年入选《贵州社会发展报告》的稿件。

（二）两个围绕

第一，为了提高《贵州社会发展报告》的应用价值，研创团队紧紧围绕党和国家的重大战略、围绕省委省政府的重大战略开展研创工作。

脱贫攻坚是我国最重大的战略决策，贵州省是全国贫困程度最深、贫困人口占比最大、贫困发生率最高的省份，贵州省委省政府把脱贫攻坚作为最大的民生工程，举全省之力奋力脱贫攻坚。《贵州社会发展报告》研创团队始终把扶贫、脱贫攻坚作为《贵州社会发展报告》的重点栏目，连续六年设置专栏关注贫困问题。对精准扶贫，尤其是事关社会发展的社会扶贫、易地扶贫搬迁等问题设置专题进行深入研究，先后有《贵州深度贫困地区脱贫路径研究——基于“四个聚焦”的经验启示》《贵州脱贫攻坚的微观经验及启示——基于“百村调查”的总结》《易地扶贫搬迁社区治理的现状分析——基于贵州省仁怀市F小区的实地考察》《精准脱贫人口“获得感”的指标测量——基于贵州L镇贫困村的调查分析》《贵州省农村最低生活保障兜底脱贫的社会工作介入研究》《贵州省残障农户可持续脱贫问题研究》《贵州民族地区精准扶贫的成效与经验研究——基于三个民族自治州的实证考察》《贵州易地扶贫搬迁居民生活状况与后续发展研究》《生态移民与易地扶贫搬迁——生态环境治理与农村贫困治理的协同性发展》《立体化构建易地扶贫搬迁群众精神文化家园》《贵州省健康扶贫现状与发展路径研究》《贵州易地扶贫搬迁移民后续生计问题研究》等研究报告在《贵州社会发展报告》刊出，为贵州摆脱千年贫困的标签，贫困人口全部脱贫，做出了学术贡献。

与此同时，《贵州社会发展报告》还结合国家和贵州省委的重大战略，把社会治理以及社区治理、人口政策与老龄化问题、大数据发展战略、以人为核心的新型城镇化作为主要栏目开展研究，先后在《贵州社会发展报告》中采用了《贵州城市社区治理中的德治研究——基于贵阳市白云区的考察》《新时代贵州超大型城市社区治理问题研究——以贵阳市为例》《“三变”改革背景下农村社区治理的新路径》《贵州民族地区城乡社区治理体系构建研究》《城市社区治理的空间构造与实践反思——贵阳市碧海社区跟踪观察》《贵州老年人康养服务发展报告》《贵州省人口老龄化对居民消费结构的影响研究》《医养需求背景下贵阳市养老机构的调研报告——以Y养老服务中心为例》《全面二孩时代老带孙生活研究报告》《全面二孩政策下的母婴安全》《贵州省老龄化进程与老龄人口健康研究》《贵州省失能老年人研究报告》《贵州省老年人精神文化生活状况研究》《大数据时代贵州精准扶贫面临的机遇与挑战》《大数据与贵州省反贫困治理模式创新研究》《大数据战略背景下贵州技术服务业发展研究》《贵州新型城镇化与工业化协调发展水平与对策分析》《贵州省农民工返乡创业的现状及其对策研究》《农民工返乡创业与市民化模式选择研究——基于贵州、湖南、安徽三省的调查》《农民（工）身份认同的代际转向研究——基于消费认同的视角》《贵州农民工市民化的指标度量研究》等研究报告。

第二，如果说围绕国家和省的重大战略开展研创是上接“天线”，那么关注社会热点难点问题就是下接“地气”。《贵州社会发展报告》研创团队把民生问题作为主要的研创内容，在研创过程中紧紧围绕社会热点难点问题开展研究。

贵州省作为西部欠发达省份，社会发展与经济发展一样落后于全国平均水平。贵州省委省政府把民生问题作为第一要务来抓，每年都要制定民生十大工程。《贵州社会发展报告》在研创中把贵州民生作为主要研究内容，在蓝皮书中设置专门的栏目对教育发展、卫生健康、社会保障、人才等问题予以重点研究。先后有《2012年贵州省实施“十大民生工程”调研报告》《穷省如何办好大教育——贵州省实施教育“9+3”计划情况调查》《“十一五”时期贵州高等教育事业发展研究》《2011年贵州省就业形势分析与对策研究》《2011年贵州社会救助体系建设现状分析及其展望》《加强贵州省文化大发展、大繁荣研究》《以柔克刚：“人才大战”背景下贵州引才痛点与思考》等研究报告在《贵州社会发展报告》刊出。

在社会热点难点问题的研究中，《贵州社会发展报告》影响最大的是对留守群体的研究。贵州是个人口流出大省，每年流出的人口几百万人，2020年流出省域的劳动力达700多万人。人口流出一方面减少了贵州省的就业压力，增加了群众的收入，为脱贫攻坚做出了很大的贡献，但在农村也留下了数量庞大的留守群体：留守老人、留守妇女、留守儿童。留守儿童出现了很多问题，如毕节市的留守儿童自杀事件、留守儿童垃圾箱取暖闷死事件、留守女童被性侵案件等，在全国引起广泛关注。研创团队加大了对留守儿童问题的研究，先后在《贵州社会发展报告》刊出了《贵州农村留守儿童问题研究》《贵州进城农民工子女教育问题的社会学分析》《贵州省农村留守儿童的精神文化生活及心理健康状况研究》《贵州农村留守儿童与非留守儿童多重伤害对比研究——基于贵州1681名初中生的调查》《贵州省儿童性侵犯状况调研报告》《偏远农村贫困留守老人问题的社工介入研究——基于贵州省X县的实践探索》《贵州省农村留守妇女社会支持网研究》《贫困地区农村留守儿童家庭结构的断裂与重构——以毕节市纳雍县为例》《农村留守儿童的社会工作介入——优势视角下的个案分析》《创新社会治理过程中农村留守儿童社会支持网络构建模式探究》《贵州省贫困地区儿童营养改善监测报告》等研究报告。其中2014年的《贵州农村留守儿童问题研究》获得时任贵州省委书记赵克志、时任贵州省省长陈敏尔、时任贵州省副省长陈明鸣的批示。根据研究报告的对策建议，2015年，中共贵州省委办公厅、贵州省人民政府办公厅印发了全国第一个留守儿童关爱保护的实施意见——《关于进一步加强留守儿童困境儿童关爱救助保护工作的实施意见》(2016年，国务院印发《关于加强农村留守儿童关爱保护工作的意见》)，该研究报告还获得“贵州省哲学社会科学优秀成果”一等奖。

（三）打造三个团队

作者队伍建设是蓝皮书质量的保证。《贵州社会发展报告》研创初期，由于对本省社会学界不熟悉，加之受专业的限制，研创团队以当时的社会研究所研究人员为主，辅之贵州省社会科学院的其他研究所的研究人员的模式难以实现创新发展。为了谋求创新发展，《贵州社会发展报告》在研创过程中把作者队伍建设当作第一要务来抓，逐渐开始把政府相应机构、大学相关学院的人员纳入研创团队，着力打造党委政府部门、社科研究机构和高等院校三个学术团队，研创团队呈现多部门、多单位、多学科的特点。

党委政府社会发展相关部门是《贵州社会发展报告》重要

的合作部门。每年的《贵州社会发展报告》研创都要征求相关部门对当年省委省政府重大战略、重大事项完成情况的课题，由他们与蓝皮书研创团队合作撰写省重大项目实施情况的研究报告。这些部门主要有：中共贵州省委政策研究室、贵州省人民政府发展研究中心、贵州省发展与改革委员会、贵州省统计局、贵州省政府社会发展相关厅局（如教育厅、民政厅、卫生健康委员会、人社厅、文化旅游厅、体育局等），他们主要对当年承担的省重大项目的完成情况进行研究，如中共贵州省委政策研究室的《在化解基层矛盾纠纷中践行党的群众路线——安顺市关岭自治县上关镇十三年零上访的调查与启示》《2013 年贵州省“平安贵州”建设研究报告》《2014 年贵州省民族文化传承创新及民族教育调查》，贵州省人民政府发展研究中心的《成本视角下的贵州农民市民化问题研究——以贵阳为例》《贵州新型城镇化的人口空间布局优化研究》，贵州省人力资源和社会保障厅的《贵州社会保障事业“十二五”发展总结及“十三五”趋势预测》《贵州省易地扶贫搬迁农民就业问题研究》，贵州省教育厅的《贵州教育事业“十二五”时期发展形势分析及“十三五”时期发展趋势预测》，贵州省民政厅的《贵州省社会保障兜底扶贫调研报告》，贵州省卫生健康委员会的《2017 年贵州省流动人口卫生计生基本服务管理研究》等报告都在各年的《贵州社会发展报告》中刊出。

高等院校的教师是《贵州社会发展报告》作者团队的重要组成部分，他们承担了每年《贵州社会发展报告》一半以上的报告撰写工作。《贵州社会发展报告》以皮书研创为学术平台，吸纳了贵州大学、中共贵州省委党校、贵州师范大学、贵州财经大学、贵州民族大学、遵义师范学院等院校的教师成为《贵州社会发展报告》的主要撰写者；为了保证《贵州社会发展报告》的质量，皮书的作者都是具有副高职称及博士学位的教师，这就保证了研究报告的学理性。高校教师的代表作有贵州大学的《中国治理的“五大”转向及现实挑战》《易地扶贫搬迁移民社区的治理关系与优化》《基层项目扶贫面临的困境与优化路径》，贵州民族大学的《贵州民族地区精准扶贫的成效与经验研究——基于三个民族自治州的实证考察》《贵州易地扶贫搬迁移民后续生计问题研究》，贵州财经大学的《贵州易地扶贫搬迁居民生活状况与后续发展研究》《生态移民与易地扶贫搬迁——生态环境治理与农村贫困治理的协同性发展》，贵州师范大学的《贵州省农民工返乡创业的现状及其对策研究》《农民工返乡创业与市民化模式选择研究——基于贵州、湖南、安徽三省的调查》，中共贵州省委党校的《“三化”同步视角下的贵州城乡缩差问题研究》《贵州省少数民族乡村反贫困的战略选择》，遵义师范学院的《贵州城市社区治理模式创新的地方探索与实践——基于赤水市“五·三”社区治理模式的调查分析》《贵州省农村最低生活保障兜底脱贫的社会工作介入研究》等。

以贵州省社会科学院为代表的科研机构是《贵州社会发展报告》的组织者和主力。尤其在《贵州社会发展报告》研创初期，主要由贵州省社会科学院研究所的各科研人员提供稿件，甚至有一人的多项成果在同一年的蓝皮书被采用的情况。2015 年之前的《贵州社会发展报告》主要由贵州省社会科学院社会研究所、科研处，区域经济研究所、城市经济研究所、贵州社会科学杂志社编辑部等部门的研究人员进行研创；2015 年之后《贵州社会发展报告》逐步实现研创的“三三制原则”，即每年蓝皮书的选题由政府部门、高等院校和科研机构各占三分之一进行研创，但蓝皮书栏目的设置和选题的确定，仍由贵州省社会科学院的研创团队负责。各政府部门的研究机构是《贵州社会发展报告》作者队伍的补充，如贵州省总工会、贵州省财政科研所、贵州省发改委经济研究所、贵州省妇联研究室、贵州省疾控中心研究所等都为《贵州社会发展报告》提供了很多质量较高的稿件。

（四）“四个注重”

在《贵州社会发展报告》研创和成果使用推广的过程中，研创团队做到了四个注重：注重人才培养、注重成果转化运用、注重成果宣传推广、注重将学术敏感与新闻敏感结合。

一是注重人才培养。在蓝皮书研创过程中，注重团队打造、构建皮书学术共同体的同时，把人才培养与皮书高质量发展放到同一位置，将《贵州社会发展报告》作为一个人才培养的平台。除了每年对《贵州社会发展报告》的选题进行认证外，还对报告的撰写实施“三检三核”（编辑、责任编辑、副主编检查质量，副主编、主编、出版社责任编辑核查语句通顺、意识形态及学术规范），严把质量关；还借助这个平台每年不定期邀请省内学者举办 3~5 次学术讲座，提升报告撰写者的学术水平。对于不同课题，如国家社科基金课题，除了在单位组织论证之外，《贵州社会发展报告》也会组织专家进行相应的认证。据不完全统计，《贵州社会发展报告》的作者队伍约 60 人，其中 20 多人在报告撰写过程中学术水平得到不同程度的提升，有 12 人晋升上一级职称，3 人取得博士学位，4 人获省管专家称号，10 人成功申报并立项国家社科基金课题。

二是注重成果转化。在《贵州社会发展报告》的研创过程中，研创团队注重研创成果的转化利用。一是在研究报告的基础上把论文提炼成文章，在核心期刊上发表，如贵州大学的马良灿教授在《中州学刊》上发表的《新型农村集体经济发展与乡村社会再组织——以贵州省塘乡村为例》，贵州师范大学的罗竖元教授在《南京农业大学学报》上发表《返乡创业质量与农民工就地市民化——基于湖南、安徽与贵州三省调查数据的实证分析》。二是把研究报告提炼成社科内参，报送省委省政府和政府相关部门，如关于贵州留守儿童、贵州流浪儿童、贵州农村赌博等的内参得到贵州省委省政府主要领导的肯定性批示，有的还直接转化为文件，如《关于农村留守儿童、困境儿童关爱保护的对策建议》被转化为文件在事实工作中运用。

三是注重成果宣传推广。为了使《贵州社会发展报告》的成果得到社会更多的认可，研创团队在党政机关和社会的应用范围内，推广蓝皮书成果，扩大蓝皮书的社会影响力。2015 年开始，《贵州社会发展报告》在贵阳或北京召开新闻发布会，发布会受到了中央及地方共 10 多家媒体的关注、报道。《贵州社会发展报告》的社会影响力和知名度以及质量有了大幅提高，在全国的地方社会类皮书中名列前茅。

四是注重学术敏感与新闻敏感的结合。为了改变以往社会科学研究落后于现实发展、滞后于社会实际的情况，《贵州社会发展报告》专门设立社会眼专栏，把贵州省当年的重点舆情与社会科学研究结合起来，有效地把新闻敏感和学术敏感结合起来，使《贵州社会发展报告》的内容更为鲜活、更接地气、时代性更强。

如《贵州省大数据舆情治理的机遇及变革路径》《网络舆情视角下贵州留守儿童问题研究》《以柔克刚："人才大战"背景下贵州引才痛点与思考》《博弈与均衡：2018 年贵州教育舆情分析与应对》《连战连捷：2018 年度贵州省脱贫攻坚舆情态势及分析》《多元与亮点：2018 年贵州省网络流行语视角下网民心态探析》《消费心理视角下"校园贷"事件舆论引导探析——以 2019 年贵州省"校园贷"事件为例》等报告得到社会各界好评。

二　存在问题的分析

《贵州社会发展报告》在 10 多年的研创过程中，虽然经历了从摸索到适应，到求新的过程，从原来的被动选择到主动的选题策划的过程，但是整体的发展中仍存在一些问题。

第一，数据转化问题。在大数据时代，"得数据者得天下"。在研创《贵州社会发展报告》时，许多当年的年度数据还没出来，如何使用当年前三个季度的数据总结当年社会发展的一些特点和预判下一年社会的发展趋势，研创团队尚未找到发力点。如何用数据来反映时代的发展，反映贵州省社会发展取得的成绩，是《贵州社会发展报告》应该加强的内容。

第二，《贵州社会发展报告》在媒体宣传推广方面有所欠缺。由于《贵州社会发展报告》质量还有待进一步提高，新闻发布会的内容不是太聚焦。《贵州社会发展报告》的媒体宣传推广主要以公共媒体报道为主，宣传推广渠道较为单一，缺乏多元化，自媒体的运营能力不强，因此媒体影响力总体得分较低。

第三，成果转化问题。由于皮书撰写者对研究报告的成果转化兴趣不是太高，加之受到文章发表时限长，报内参的渠道限制等因素影响，《贵州社会发展报告》成果转化相对比较少。

三　未来发展的展望

《贵州社会发展报告》未来的研创将围绕以下方面进行整改。

第一，加大与党委、政府相关部门的合作，进一步紧贴贵州社会发展的重大事件开展研究。

第二，加强与统计部门、城市调查总队的合作，注意在皮书研创中更多用数据反映贵州省社会发展的实际情况。

第三，根据贵州省常住人口城镇化率超过 53%，进入城市化时代的现状，将社会治理研究的重点从关注城市社会治理转向关注城市社区社会治理，围绕“花果园超大型社区”这个特殊的试验田，结合国家关于基层社会治理方面的政策，加大对城市社区的研究、加大对基层社会治理的关注，提高《贵州社会发展报告》的质量。

第四，加大对皮书研创成果的转化利用，在研创过程中把相关报告转化为社科内参、专报，报送省委省政府和相关部门；把质量相对较高的研究报告提炼成文章到核心期刊发表；向报刊、自媒体推送质量较高、现实性强的研究成果，扩大《贵州社会发展报告》的社会影响力。

皮书研创方法

世界百年大变局下的国别区域与全球治理类皮书研创*

沈雁南**

摘　要：皮书作为中国学者权威发声的重要平台，要根据习近平总书记关于发挥我国哲学社会科学作用，加强“三大体系”建设的思想，夯实学科体系、学术体系的基础，提高话语权。对于国际类皮书，在世界百年未有之大变局的形势下尤应关注话语体系的建设问题，在学科体系、学术体系的基础上加强皮书整体性和权威性，在保证研创团队稳定的基础上保持皮书的连续性，以保证皮书话语权的可续性。同时，国别区域与全球治理类皮书应该关注皮书写作的学术规范性，以提高其在国际学界的权

* 原文为作者在第二十二次全国皮书年会上的发言，发表时根据形势的变化做了适当补充和修改。

** 沈雁南，中国社会科学院欧洲研究所二级编审，原《欧洲蓝皮书》执行主编，社会科学文献出版社皮书研究院高级研究员。

威性。

关键词：“三大体系”建设　国际问题　国际话语权　皮书

当前，世界正处于百年未有之大变局，国际形势多变，新冠肺炎疫情的不期而至，更是加深了世界局势的复杂性。美国拜登政府上台后，进一步确立了将中国作为主要竞争对手的全球战略。美国除了在经贸、科技等领域对中国实行切割和打压以外，还试图在世界范围内建立遏制中国发展的包围圈。中国的“十四五”时期正是在这错综复杂的国际形势下迎来了开局之年，皮书尤应进一步提高质量，提高话语权，为营造良好的国际环境做出贡献。

国内外形势的发展对国别区域与全球治理类皮书的研创工作提出了更高的要求。我们要从世界大变局视角出发，从习近平总书记关于中华民族伟大复兴的战略布局出发，深入理解习近平总书记关于“三大体系”建设的思想，做好做深皮书研创工作，充分发挥中国特色哲学社会科学的作用。

一　加强国际话语体系建设应是国别区域与全球治理类皮书研创的首要任务

国别区域与全球治理类皮书和其他皮书相比较，在讲好中国外交故事的同时，更要注重向国际社会提供中国学者对世界的权威解读，建好中国与世界各国沟通的桥梁，推动世界的和平发展。这是新时代赋予国别区域与全球治理类皮书的历史责任，承担并完成这一历史责任必须要有“三大体系”建设作为坚实基础。

党的十八大以来，习近平总书记在多次讲话中提出建设中国特色哲学社会科学需要不断推进“三大体系”建设，即学科体系、学术体系、话语体系建设，特别强调“发挥我国哲学社会科学作用，要注意加强话语体系建设”[①]。习近平总书记关于中国特色哲学社会科学“三大体系”建设的思想是深化中国国际问题研究的重要指导思想。

国别区域与全球治理类皮书的研创是建立在国际问题研究基础上的，因此，我们有必要简单回顾中国国际问题研究的历史。

国际问题研究在中国已有百年发展历史。如果从西学东渐，中国学者开始了解、关注外国和世界的发展算起，则历史更长，而这正是中国历史的重要转变时期。一方面，西方列强用坚船利炮打开了中国大门，另一方面中国也是在这一历史进程中学习到了马克思主义。马克思主义给中国学者认识世界提供了重要的思想方法，并在中国实行改革开放、走向世界的进程中得到充分的运用。由此，中国国际问题研究也进入了发展的快速道。

但是，很长一段时间以来，中国国际问题的研究更多关注的是对现实问题的研究。此后，建设中国自己的学科体系和学术体系开始逐步引起学术界的重视，不少学者对此投入了较大精力，并取得一定的成果。对话语体系的建设则是近十多年来才开始得到重视，因此，国际问题话语体系的建设还有进一步发展的空间，并且在当前国内外形势复杂的背景下更有时不我待的紧迫感。我们必须在国际问题研究取得了很大进步的基础上，加强话语体

① 《习近平：在哲学社会科学工作座谈会上的讲话（全文）》，人民网，2016 年 5 月 18 日，http：//politics. people. com. cn/GB/nl/2016/0518/c1024_ 28361421. html。

系建设，以担负起我国快步走向世界舞台中心后的时代责任。

当前，我国同以美国为首的西方国家不仅在很大程度上存在着经济、贸易、科技、金融等各个领域的博弈，还存在舆论博弈。尤其在互联网背景下，信息战和舆论战非常复杂并日趋尖锐。在舆论博弈上，由于长期以来以美国为首的西方国家掌握着国际舆论的主导优势，并对我国实行打压，使我国经常处于应对式的博弈状态，主动性不够。我国的学者还不太善于用国际社会能接受的方式发表意见，阐释我国对世界局势和国际问题的政策和研判。这一情况已经引起了许多中国学者的关注，并通过有关课题项目予以推进，但仍然未能形成有效的规模优势，缺少充分的成系统的建设平台。

而国别区域与全球治理类皮书恰好堪当此任。从国别区域与全球治理类皮书以及整个皮书总体规模、总体质量和影响力来看，皮书是我们将优质的学术研究成果转化为高质量话语权的最佳建设平台，具有重要的学术成果向话语权转化的功能。

国别区域与全球治理类皮书几乎是与皮书系统同步发展起来的，迄今已有 20 多年的历史。截至 2021 年 8 月，准入未出版和已出版的国别区别与全球治理类皮书共计 67 种，形成了研判国家、区域和全球治理发展现状及其前景的系统出版物。国别区域与全球治理类皮书因其研创单位的学术权威性、研判视角的专业性而得到国内社会各界的普遍欢迎和重视，同时也越来越多地引起外国驻华使领馆的重视，将其视为中国学者的权威发布，并试图从中解读中国的官方立场和政策。皮书权威性正在不断提升。

但是，许多皮书研创者并没有认识到皮书具有学术成果向话语权转化的功能，对皮书研创的认识还存在着误区。其中突出的问题就是简单地将皮书理解为“宣传工具”，忽略了学科体系、学术体系与话语体系三者之间的辩证关系，使得皮书传播缺少学术支持，变得空洞无力，有的读起来也很乏味。这样，不仅不能树立起皮书的话语权，甚至还往往适得其反，宣传和传播的目标也难以达到。

研创国别区域与全球治理类皮书必须要有加强国际话语权的意识，并以此为首要任务。只有这样，才能使皮书研创得到深入推进。我们必须认识到皮书研创不仅是项目的承担，更是对时代责任的担当。

二　国别区域与全球治理类皮书研创应注意的问题

加强皮书话语权建设除了需要有对“三大体系”建设思想的深刻理解外，还需要以学科体系和学术体系建设为基础，将对时代的担当落到实处，从具体的问题入手，主动积极推动其话语权建设的完善。建立皮书话语权需要从以下几个方面着手。

1. 皮书研创必须重视整体性，并以整体性提高其权威性，以权威性树立起话语权

有些皮书研创团队关注到了皮书的权威性和话语权的问题，但仅将皮书视为学术成果的一种发布形式，更多关注的是本学术团体甚至个人成果的发布，缺少对皮书整体性的认识。皮书整体性的缺失会严重影响皮书的权威性，因而不能有效地建立起皮书话语权。皮书话语权的建构不仅需要每个作者具有较高的学术权威，还需要通过皮书的学术体系将每个作者的论述进行整合，提高论述的整体性。皮书选题尽管来自不同作者，但并不等同于论文汇编。皮书应根据相关领域的学科体系和学术体系构建一个完整的分析框架，通过分析框架体现中国学者对其研究目标全方位的权威研判。

皮书整体性包含几个层面。一是全书结构符合本研究的学术逻辑，全书论题相互之间有缜密的逻辑联系。不论是国别区域与全球治理类皮书还是其他类别的皮书，都需要从哲学社会科学研究的角度思考全书结构，设计选题。国别区域与全球治理类皮书从其研究目标来看，大体可以分为两类，即形势研判类和综合性专题类。尽管不同类型有不同的研究方式，但都依托特定的学术体系和学科体系，否则极易因结构松散而影响权威性。如果说形势研判类皮书，特别是国别区域与全球治理类皮书的研究体系主要以政治、经济、社会、外交等为主要研究视角，综合性专题类皮书则通过问题设置来建构体系，每个问题都是对特定目标分析的节点，相互配合构成分析体系。而不是各论其事，甚至选题重复、论述重叠，这不仅有损皮书权威性，也无法形成权威的皮书话语权。

二是皮书各选题的完成应建立在研创团队内部交流和沟通的基础上，以形成研创团队的集体发声，从而加强皮书整体性的质量。我们常提到“皮书不能论文集化”，论文集和皮书各有其学术地位和学术价值，属于两种不同功能的学术出版物。论文集是个人发表学术成果的平台，可以各论其事。但皮书则代表着研创团队整体的研究水平和研判能力，需要有内部的充分交流，甚至观点交锋才能更好地产出高质量的思想成果，才能建立权威的话语权。内部学术交流对于推进皮书的整体性具有非常重要的实践意义。

2. 皮书话语权需要以层次清晰的分析体系为基础建立起整体性

皮书是有层次的，大体上可以分为两个层面，即形势层面和专题层面。形势层面以年度形势分析为主，而专题层面则是在形势研判基础上对本年度热点或重点问题进行专题的深度解读。两者相互配合，从而形成立体的分析体系。

综合性专题类的皮书同样如此，需要对相关问题进行学科体系和学术体系的构建，并在此基础上形成自成一体的研判体系。从体系学的视角来看，任何一个综合性问题都有其分析的基本框架，无论经济类、全球治理类或其他专题类的研究，都不能没有学术和学科的基础。经济学类的专题自然有经济学的分科分层体系，综合类的专题也会有不同的分析层面。如果不关注体系构建，皮书就很难建立有权威的话语权，即使有权威学者助阵也难有可持续性。

专题研讨类皮书也有基本形势研判和深度解读两个层面。前者为所论目标的基本面，由每年相对固定视角下的相关专题组成，例如研究目标所涉国家、组织、机制、政策等，或涉及政治、经济、外交等层面的专题研判，这些选题形成对年度基本形势研判的层面。而对该领域重大问题或热点问题进行深度解读则形成其专题研究的层面，是以从历史或更具有专业学科的角度进行深度、系统分析为特点的。

3. 皮书话语权需要注意形势研判和问题导向相结合

如上所述，皮书有两个层面，即形势研判层面和专题研究层面，但这两个层面的配合有时不太受到研创团队的重视，形势研判和专题研究似乎分属“两张皮”，这样必然会对皮书整体性造成影响。事实上，专题研究是在形势研判的基础上进行深层解读，两者之间有着紧密的逻辑联系。这也是为了满足不同读者的不同需要，现在有越来越多的读者已经不满足对形势的了解，往往还希望从更深层的解读中更深入地了解形势。同时，国别区域与全球治理类皮书在关注国际大局、研究国际问题的时候，也应立足于中国，从中国发展大局来展开对国际局势的研究。

另一个形势研判和问题导向的重要结合点是，国别区域与全球治理类皮书在关注本地区、本领域问题时，也要有全球意识。只有在全局视野下对某一个国家或地区进行研究，才能得到更具有全局性、战略性的研判结论。

4. 保持作者团队的稳定性

皮书研创团队要重视作者队伍建设，特别是要努力保持研创团队的稳定性。皮书因具有连续性才能具有权威性，特定皮书也需要通过可持续性对特定的读者群形成权威性。因此，作者队伍应该保持相对的稳定性。临时征集稿件虽然能够通过向学术权威约稿而形成一定的话语权，但往往不能保持稳定，因而会影响皮书的可持续性。皮书只有建立自有的、稳定的专业研创团队，才能够占据学术高地，建立起可靠的话语权。

5. 注重皮书报告写作的规范性

目前，皮书研创团队中有研创经验不足的作者，也有部分研创人员刚完成博士生和硕士生论文，还保留着论文写作的习惯。皮书每个选题的完成当然属于学术论文，但更属于权威的、拥有话语权的皮书“报告”。皮书要有自身特定的写作范式。简而言之，皮书“报告”写作范式基本上应由描述、问题、对策构成，即陈述形势、提出问题、对策研究；如无对策则可提出前景预测等。皮书报告要有开门见山、观点鲜明、语言精练的特点。如有必要可用后记的方式对本皮书研究方法的特点和工具做出解释，这也是一般国际流行的报告写作范式。目前，许多报告存在按照

“研究意义—研究背景—文献综述”设置结构等问题，这些都是学术论文的写作习惯，不应用到皮书报告中来。皮书作者应通过报告写作范式的规范化将学术成果转化为皮书的话语表述，建立皮书特有的话语权。因此，皮书报告写作的规范性，对皮书话语权建立同样具有重要影响。

结　语

王国维在《欧罗巴通史序》中写到“凡学问之事，其可称科学以上者，必不可无系统。”国别区域与全球治理类皮书的研创，乃至所有皮书的研创均可借鉴此句话。对于国际问题研究的学者，应提倡在“三大体系”思想的指导下进行皮书研创，增强皮书的话语权。国别区域与全球治理类皮书话语权有两个层面：第一，国内同行中的话语权，第二，国际层面的话语权。想要做到中国学者对于国际上任何一个问题、一个国家、一个地区的解读观点都能引起国际社会关注，中国学者应具有建设中国话语权的自信，并通过国际社会能够理解的方式发布中国学者对世界发展和国际问题的见解；在全球治理、气候变化等问题上，更应该有中国学者的话语权。

当前在世界百年未有之大变局的历史转折点上，在实现中华民族伟大复兴的战略布局取得重大突破的背景下，话语权建设更应该成为中国学者，尤其是国别区域与全球治理类皮书研创关注的重要发展方向。

开发微观调查数据，探索中国文化发展新趋势

——基于《文化建设蓝皮书：中国文化发展报告》的研创*

张智敏　张彦龙**

摘　要： 本报告在阐述微观调查数据开发运用重要性的基础上，分析了《文化建设蓝皮书：中国文化发展报告》研创团队对微观调查数据的建库、开发情况，以及此项工作对《文化建设蓝皮书：中国文化发展报告》研创所发挥的重要作用。同时以培育和践行社会主义核心价值观、公共文化建设发展为例，探讨了社会主义核心价值观践行的新动态、公共文化建设满意度评价的新变化，并对微观调查数据所反映的文化建设满意度、获得感、认知认同做了动态分析。本报告认为，在利用微观调查数据探索中国文化发展变化的新方法和新途径上，《文化建

* 本文收录于徐瑾、江畅主编《文化建设蓝皮书：中国文化发展报告（2021）》，社会科学文献出版社，2021，第241～270页。

** 张智敏，湖北大学教育学院教授、硕士生导师，湖北大学高等人文研究院、中华文化发展湖北省协同创新中心研究员，主要研究方向为教育与经济、公共文化发展管理、人口老龄化；张彦龙，湖北大学高等人文研究院、中华文化发展湖北省协同创新中心、中华文化发展智库平台助理研究员。

设蓝皮书：中国文化发展报告》研创团队已经取得了初步的成效，但是微观调查数据的建库工作仍然需要引起相关研究部门的高度重视。应当继续加强微观调查数据的建库、开发以及人才培养等方面的工作，使微观调查数据进一步对文化建设和社会经济发展，以及满足人们精神文化消费的需要发挥应有的作用。

关键词： 微观调查数据　数据建库　数据开发　中国文化发展

一　微观调查数据开发运用的重要性

在大数据背景下，数据不仅成为国家的基础性战略资源，对国民经济、社会发展、文化建设等方面产生日益重要的影响，而且为学者和决策部门研究宏观和微观环境的变化提供了很好的便利条件。从目前数据开发的趋势看，为了印证宏观数据的准确性，为应对不断变化的宏观、中观以及微观环境问题提出精准的对策，越来越多的国家、行业以及部门开始重视微观调查数据的开发，并将微观调查数据所包含的信息作为制定政策的重要参考依据。从国际视野看，当前美国微观调查数据开发水平已处于世界前列，欧盟也制定了微观调查数据分阶段渐进开发的政策目标，日本、澳大利亚、加拿大在微观调查数据开发实践中获得了很多经验。从国内微观调查数据库构建的基本情况看，已经建有的主要微观调查数据库有：中国专利数据库（主要资源来源于《专利公报》电子版数据，相关的文献、成果等信息来源于 CNKI 各大数据库）、北京大学中国调查数据资料库（北京大学，建有67个子库）、中国国家调查数据库（中国人民大学，国内最早的微观调查数据库，2003年建立）、国家统计局微观数据库（国家统计局和清华大学共建的高水平微观调查数据服务平台，建设定位是“高端经济社会决策智囊”，2017年7月建立）。从上述几个主要数据库的数据内容看，数据库覆盖了教育、卫生、收支、养老、进出口、金融和人口等多个方面的专业研究领域，但是这些数据库中涉及文化发展的微观调查数据较少。

用数据说话是皮书的本质。在《文化建设蓝皮书：中国文化发展报告》（简称《中国文化发展报告》）的研创过程中，国家文化发展的宏观数据为研究中国文化发展变化提供了很好的便利条件。而作为学术研究，《中国文化发展报告》的研创需要一个让数据具有情感和真实性的场景，需要深度分析数据的准确性以便找出文化发展过程中的整体优势和特点，还需要认真分析文化发展过程中的结构性短板和新问题。因此，在研创过程中，研究人员深感用微观调查数据去印证宏观数据所反映出的问题的重要性，只有对文化发展过程中人们的获得感、满意度等在宏观数据层面上难以分析的“软指标”进行测量学意义上的调查，精准找出解决问题的路径，才可以提出更具可行性、可操作性的政策建议。

为此，湖北大学高等人文研究院、中华文化发展湖北省协同创新中心在研创、撰写《中国文化发展报告》过程中，对微观调查数据的调研工作给予了长期的关注和高度的重视，并做了大量的工作，包括在全国范围内建立了20多个调研点，连续8年进行了大规模的文化发展状况问卷调查，成立了专门的数据分析工作室，建立了微观调查数据发布平台，这些对《文化建设蓝皮书：中国文化发展报告》的研创、撰写起到了重要的作用。

二 中国文化发展微观调查数据建库与开发

（一）中国文化发展现状调研与数据库建设情况

从2013年开始，湖北大学高等人文研究院、中华文化发展湖北省协同创新中心开展了中国文化发展微观调查数据的建库与开发工作，其原创数据以问卷调查的形式获得，调查工作由四个环节组成。一是调查前，调研中心反复征求《文化建设蓝皮书：中国文化发展报告》作者的建议或者根据已拟定的研究内容形成问卷。二是问卷形成以后，采取调研团队入户调查、委托调研点调查、利用网络实施在线调查等形式组织调查。三是在问卷发放、回收和整理的基础上，运用统计软件建立数据库，然后进行描述统计和建模分析。四是撰写作者再根据研究的内容深度开发数据信息。2013年以来，为了支持《文化建设蓝皮书：中国文化发展报告》的研创以及国家级、省级重大课题创新研究，湖北大学高等人文研究院、中华文化发展湖北省协同创新中心多次开展大规模问卷调查和个案调查、试调查活动。调查获取了大量微观调查数据，形成了23个数据库，为研究者分析中国文化发展状况提供了大量微观调查数据信息。2013~2021年中国文化发展微观调查数据的调查、建库、开发情况见表1。

表 1　中国文化发展微观调查数据的调查、建库、开发情况（2013~2021）

单位：个

调查年份	数据库名称	有效样本	省（区、市）/乡镇数	建库数	数据运用、开发	出版或发表年份
2013	我国主流审美文化构建问卷调查	181	1/W	1	《文化建设蓝皮书：中国文化发展报告（2013）》1篇	2014
	公众文化需求满足状况问卷调查（2013）	1000	1/W	1	《文化建设蓝皮书：中国文化发展报告（2013）》1篇	2014
2014	公众文化需求满足状况问卷调查（2014）	2266	8/W	1	《文化建设蓝皮书：中国文化发展报告（2014）》1篇	2015
	当代中国审美文化问卷调查	766	1/W	1	《文化建设蓝皮书：中国文化发展报告（2014）》1篇	2015
	人权状况问卷调查	367	5/W	1	《文化建设蓝皮书：中国文化发展报告（2014）》1篇	2015
2015	中国文化发展现状调查（2015）	3094	13/W	1	《文化建设蓝皮书：中国文化发展报告（2015~2016）》11篇	2016
	中国民主观念变迁与价值期待问卷调查	1933	4/W	1	《文化建设蓝皮书：中国文化发展报告（2015~2016）》1篇	2016
2016	弘扬社会主义核心价值观与继承传统文化问卷调查	4199	18/W	2/H	《文化建设蓝皮书：中国文化发展报告（2017）》3篇；论文4篇；课题报告17篇	2017
	中国文化发展现状调查（2016）	4199	18/W	2/H	《文化建设蓝皮书：中国文化发展报告（2017）》3篇	2017

续表

调查年份	数据库名称	有效样本	省(区、市)/乡镇数	建库数	数据运用、开发	出版或发表年份
2017	中国文化发展现状调查(2017)	4204	18/W	2/H	《文化建设蓝皮书：中国文化发展报告(2018)》8篇	2018
	精英人群社会主义核心价值观认知与认同问卷调查(试调查)	219	3/4	1	课题报告1篇	2018
2018	中国文化发展现状调查(2018)	4088	25/38	2/H	《文化建设蓝皮书：中国文化发展报告(2019)》6篇	2019
	精英人群社会主义核心价值观认知与认同问卷调查	1213	11/8	1	《文化建设蓝皮书：中国文化发展报告(2019)》专题报告1篇；课题报告5篇	2019
	朝读经典·培育和践行社会主义核心价值观教育活动问卷调查	479	1/2	1	《资政建言》1篇；课题报告1篇	2018
	构建新型乡村公共文化空间与落实社会主义核心价值观问卷调查	765	1/19	1	《资政建言》1篇；课题报告1篇	2019
2019	中国文化发展现状调查(2019)	5561	29/90	1	《文化建设蓝皮书：中国文化发展报告(2020)》8篇	2020
2020	中国文化发展现状调查(2020)	7222	31/677	1	《文化建设蓝皮书：中国文化发展报告(2021)》10篇	2021(待)

续表

调查年份	数据库名称	有效样本	省(区、市)/乡镇数	建库数	数据运用、开发	出版或发表年份
2020	中国特色社会主义制度"人民至上"的价值与实践研究问卷调查(试调查)	400	5/W	1	试调查经过信效度分析以后,问卷内容进行了微调,进入网上正式调查	2022(待)
2021*	中国特色社会主义制度"人民至上"的价值与实践研究问卷调查	6125	31+1**/1000	1/H	网上推送、点对点推送、电话调查以及实地调查已经完成,进入数据汇总整理阶段	

注：表中"W"表示在调查和建库时"无乡镇分类数据"；表中"H"表示建有"湖北省文化发展状况数据库"。此外，＊指截至2021年4月；＊＊代表香港特别行政区。

资料来源：湖北大学高等人文研究院、中华文化发展湖北省协同创新中心"中国文化发展微观调查数据总库"（2013~2021）。

从表1中可以看出，2013年，以问卷调查形式实施了2项调查，样本只涉及1个省份，即这2项调查采用便利原则选择了在湖北省进行，发放和回收一定数量的有效样本。

2014年，调查工作有所突破，在所进行的3项问卷调查中，有1项调查样本的覆盖面达到了8个省（区、市），获取有效样本数达到了2266个（调查年份数据，下同）。2014年的3项调查共建成3个微观调查数据库。研究人员运用微观调查数据撰写中国文化发展分类报告和专题报告3篇（出版或发表年份数据，下同）。

2015年，"中国文化发展现状调查（2015）"获取了3094个有效样本，样本覆盖的范围进一步扩大，达到了13个省（区、市），其调查内容相应增加。2015 年建成 2 个微观调查数据库。研究人员运用微观调查数据撰写中国文化发展总报告、分类报告和专题报告共计 12 篇。

2016 年，“弘扬社会主义核心价值观与继承传统文化问卷调查”和“中国文化发展现状调查（2016）”2 项调查同时进行，获取有效样本各 4199 个，其调查内容有了科学的分类框架，调查质量显著提高。2016 年共建成 4 个微观调查数据库。研究人员运用微观调查数据撰写中国文化发展总报告和专题报告共计 6 篇，发表论文 4 篇，形成课题报告 17 篇。

2017 年，进行了 2 项调查，分别是“中国文化发展现状调查（2017）”和“精英人群社会主义核心价值观认知与认同问卷调查（试调查）”。为了提高问卷内容、结构的信度和效度，在问卷设计阶段，对问卷涉及的每一个模块的内容和题项都设定了调查的测度目标，使每一个模块和题项都形成了“为什么调查”“调查什么”“希望得到哪些信息”等调查目的和调查的基本指向。同时，问卷所构建的模块和题项与国家宏观统计指标更具有对应性和解释性。“中国文化发展现状调查（2017）”获得有效样本 4204 个，样本覆盖了 18 个省（区、市）。“精英人群社会主义核心价值观认知与认同问卷调查（试调查）”获得 219 个有效样本。2017 年共建成 3 个微观调查数据库。研究人员运用微观调查数据撰写中国文化发展总报告、分类报告和专题报告共 8 篇，形成课题报告 1 篇。

2018 年，进行了 4 项调查，分别是“中国文化发展现状调查（2018）”、“精英人群社会主义核心价值观认知与认同问卷调查”、“朝读经典 · 培育和践行社会主义核心价值观教育活动问卷调查”和“构建新型乡村公共文化空间与落实社会主义核心价值观问卷调查”。“中国文化发展现状调查（2018）”覆盖了25个省（区、市），获取了4088个有效样本。2018年共建成5个微观调查数据库。研究人员运用微观调查数据撰写中国文化发展总报告、分类报告和专题报告共计7篇；被专供省级领导审阅的《资政建言》录用2篇，被省级领导批阅2篇。

2019年，“中国文化发展现状调查（2019）”获取有效样本5561个，样本覆盖了29个省（区、市）。2019年建成1个微观调查数据库。研究人员运用微观调查数据撰写中国文化发展总报告、分类报告和专题报告共计8篇。

2020年，建成2个微观调查数据库，分别是“中国文化发展现状调查（2020）”“中国特色社会主义制度‘人民至上’的价值与实践研究问卷调查（试调查）”。受新冠肺炎疫情的影响，2020年的调查采用了线下线上相结合的方式进行。其中“中国文化发展现状调查（2020）”以委托网络调研公司构建的平台推送为主，获取有效样本7222个，样本覆盖了31个省（区、市）。“中国特色社会主义制度‘人民至上’的价值与实践研究问卷调查（试调查）”获取了400个样本。2项调查在试调查阶段进行验证性分析时发现，在委托调研公司在线推送的问卷中，被调查者（网民）的年龄存在人口学分布偏态问题。为了提高调查质量，在正式调查时，对平台推送的问卷采取了设定特定年龄起始点、限定同一IP地址反复填写的方法，很好地解决了样本的离散问题。同时在采集样本时，采取“年龄分布纠偏”措施，对45岁及以上年龄段的群体采取“点对点”电话调查；在做好防疫工作的情况下，采取“面对面”人机互动的方式进行调查，有效解决了样本年龄分布偏态问题。2020年的微观调查数据库，为研究人员撰写《中国文化发展报告》提供了丰富的数据，研究人员运用微观调查数据撰写中国文化发展总报告、分类报告和专题报告共计10篇。

截至2021年4月，“中国特色社会主义制度‘人民至上’的价值与实践研究问卷调查”已经获取有效样本6125个，数据正处在汇总整理阶段，2022年预计可以形成26篇调研论文。

从图1中可以看出，在2015~2020年的6年间，调查获取的有效样本数大体上呈增加趋势，2020年与2015年相比，样本增加了4128个，年均增加18.48%。

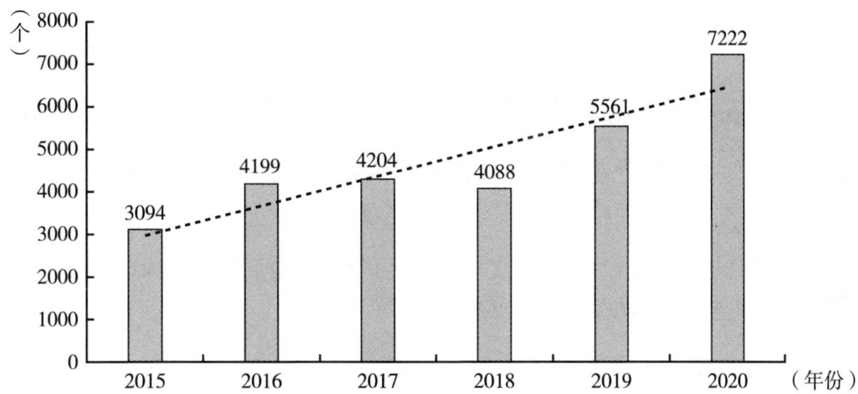

图1 “中国文化发展现状调查”样本数（2015~2020）

资料来源：湖北大学高等人文研究院、中华文化发展湖北省协同创新中心“中国文化发展现状调查”（2015~2020）。

2014年，由于调研经费紧张和调研初期缺乏经验和长远科学规划，样本所代表的“整体性”不强，或者说只能作为“省级个案”，不具备代表中国文化发展整体状况的性质。到了2020年，样本包括除台湾省、香港特别行政区、澳门特别行政区以外的31个省（区、市）（见图2）。调查样本在省级行政区划中已经基本实现了“全覆盖”，具有了代表中国文化发展整体状况的性质。同时，中华文化发展智库平台①从2015年开始每年向社会发布湖北大学高等人文研究院原创的微观调查数据库，为研究中国文化发展的现实问题提供了有力的微观调查数据支持。

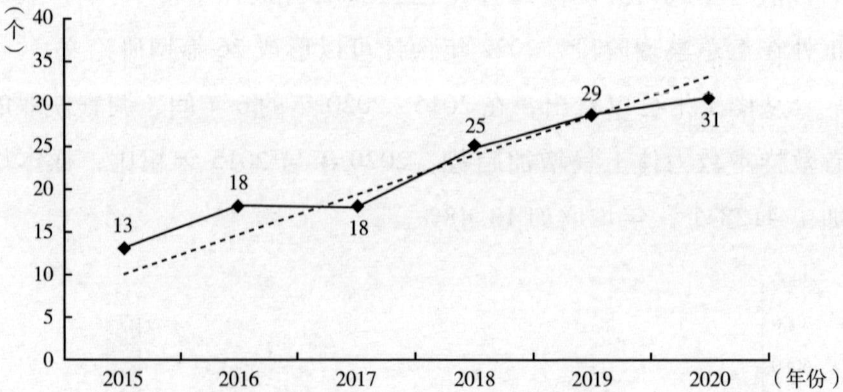

图2　“中国文化发展现状调查”涉及的全国省级行政区总数（2015~2020）

资料来源：湖北大学高等人文研究院、中华文化发展湖北省协同创新中心“中国文化发展现状调查”（2015~2020）。

（二）《文化建设蓝皮书：中国文化发展报告》开发微观调查数据的情况

《文化建设蓝皮书：中国文化发展报告》的研创与撰写需

① 中华文化发展智库平台是由湖北大学和社会科学文献出版社合作建设的新型智库，该平台立足于国家建设中国特色新型智库体系的需要，全面汇聚湖北省、国内、国际的文化发展研究重要文件、学界资讯、研究动态、专家成果及基础信息资料，为文化类中国特色新型智库提供数据和咨询服务。

要运用大量的宏观数据。根据2012年国家统计局颁布的《文化及相关产业分类（2012）》，文化及相关产业被分为10个大类50个中类120个小类（2018年版的文化及相关产业共设置9个大类43个中类146个小类），其类别结构设置已经覆盖了文化事业发展的方方面面。对于研创《中国文化发展报告》而言，宏观数据基本能够满足研究者撰写相关宏观发展报告的需要。但是文化发展中的“软指标”无法进行宏观统计，特别是各级各类文化建设的评价性绩效（公众的满意度、文化建设发展能否满足人们文化生活的需要、人们对文化发展现状的评价等），其相关数据必须通过微观调查才能获得；同时公众对上述“软指标”的感知度、获得感、满意度，只有通过对相应微观调查数据的深度分析才能进行判断。为此，在《中国文化发展报告》的研创中，湖北大学高等人文研究院十分重视研创者对其原创微观调查数据的使用与开发。

从2015年开始，湖北大学高等人文研究院每年对研究人员进行1~2次的集中培训，讲解数据的使用原则、方法，提供分析工具，辅导研究人员正确使用统计工具，讨论实践性操作等问题，这大大提高了研究人员通过微观调查数据比对分析宏观数据来深入分析问题的能力。由研究人员在所撰写的报告中使用微观调查数据的情况可知其对微观调查数据的认可和使用情况（见表2）。

表2显示，2014年出版的《文化建设蓝皮书：中国文化发展报告》使用原创微观调查数据撰写的报告篇数为3篇，占总篇数的13.04%；2015年也是3篇，占总篇数的16.67%；2016年为11篇，占总篇数的61.11%；2017年为6篇，占总篇数的50.00%；2018年为8篇，占总篇数的80.00%；2019年为7篇，

占总篇数的70.00%；2020年为8篇，占总篇数的80.00%。从已经出版的《文化建设蓝皮书：中国文化发展报告》7本年编本看，2020年与2014年相比，使用原创微观调查数据篇数占总篇数的比重增加了66.96个百分点。特别要提及的是，即将出版的《文化建设蓝皮书：中国文化发展报告（2021）》使用原创微观调查数据篇数占总篇数的比重已经提高到100.00%。这也说明，在2021年，研究人员撰写的每一篇报告中都使用了原创微观调查数据，还比对宏观数据的发展变化，进行了客观性验证和描述，对中国文化发展的微观状况有了基本判断。

表2　《中国文化发展报告》使用原创微观调查数据的情况（2014~2021）

单位：篇，%

出版年份	使用原创微观调查数据篇数/总篇数	使用原创微观调查数据篇数的比重	原创微观调查数据形成的年份	年编本序号
2014	3/23	13.04	2013	第1本
2015	3/18	16.67	2014	第2本
2016	11/18	61.11	2015	第3本
2017	6/12	50.00	2016	第4本
2018	8/10	80.00	2017	第5本
2019	7/10	70.00	2018	第6本
2020	8/10	80.00	2019	第7本
2021	9/9	100.00	2020	第8本

资料来源：表中“使用原创微观调查数据篇数/总篇数”“使用原创微观调查数据篇数的比重”两项，根据2014~2020年出版的《文化建设蓝皮书：中国文化发展报告》以及即将出版的《文化建设蓝皮书：中国文化发展报告（2021）》统计计算得出。

将表2中《中国文化发展报告》“使用原创微观调查数据篇数的比重”绘制成图3。从图3中可以发现，在研究人员的研创中，使用原创微观调查数据篇数的比重总体上呈现上升的趋势，但是2017年、2019年出现了下降。2017年、2019年出现下降的原因有二。一是数据使用标准进一步提高，即要求研究人员进行描述性分析时，要与宏观数据进行比对分析，要对数据交叉分类和设置定性标准。在描述性分析的基础上，进行定性分析。二是秉承宁缺毋滥的原则，对误读数据测度目标和存在使用方法硬伤的微观调查数据，不宜采用就不采用。例如，一旦发现研究人员对微观调查数据的运用与分析有明显的逻辑问题，那么研创团队就会要求作者保留对宏观数据的分析，删除运用的微观调查数据。在严格把控微观调查数据使用标准的前提下，2017~2020年的《中国文化发展报告》对微观调查数据运用和分析的质量明显提升。研究人员在对微观调查数据进行分析时，采用了描述性分析、相关分析、回归分析、因子分析、结构分析以及建模分析等分析方法，使微观调查数据在描述分析中国文化发展状况时具有了画面感，得出的结论具有了科学性，提出的决策建议具有了可操作性。特别是2020年，研创人员所撰写的《中国文化发展报告》在微观调查数据的使用率和分析质量方面有了显著提高。

三　运用微观调查数据探索中国文化发展中的“软指标”

如前所述，构建微观调查数据库的目的就是使宏观数据更有说服力；或者对宏观数据所反映出的问题进行深度探讨，同时对一些在宏观层面难以得到的“软指标”进行测量学意义上的测评和解释。

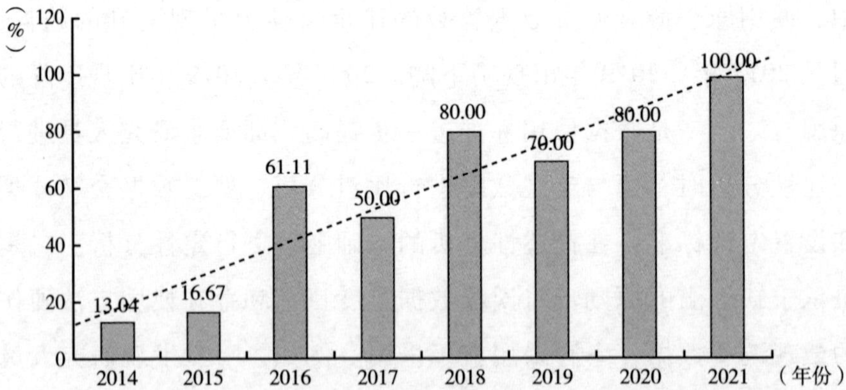

图 3 《中国文化发展报告》“使用原创微观调查数据篇数的比重”（2014~2021）

说明：图 3 中的年份，指的是出版年份。

资料来源：根据 2014~2020 年出版的《文化建设蓝皮书：中国文化发展报告》以及即将出版的《文化建设蓝皮书：中国文化发展报告（2021）》统计计算得出。

在《文化建设蓝皮书：中国文化发展报告》的研创中，我们发现运用微观调查数据探索和分析中国文化发展中的“软指标”还具有可预测性特点，微观调查数据能有效印证宏观数据反映出的问题。本报告将以培育和践行社会主义核心价值观、文化发展总体满意度评价、“一带一路”建设与文化“走出去”、公共文化建设为例，探索微观调查数据所反映的人们对文化建设发展的满意度、获得感，以及认知认同中的价值取向的动态变化，以此说明微观调查数据在探索和分析中国文化发展现状中的重要作用。

（一）用微观调查数据探讨培育和践行社会主义核心价值观认知认同的变动

文化的灵魂和精髓是价值观，而价值观的系统化、具体化构成了价值观体系，价值观和价值观体系构成了一种文化的价值层面。在价值观中，核心价值观处于核心地位，是价值文化乃至文化的本质内涵和根本性规定。培育和践行社会主义核心价值观是我国文化建设的需要。习近平总书记在中央政治局第十三次集体学习时指出："一种价值观要真正发挥作用，必须融入社会生活，让人们在实践中感知它、领悟它。要注意把我们所提倡的与人们日常生活紧密联系起来，在落细、落小、落实上下功夫。"① 为了了解人们对培育和践行社会主义核心价值观的认知认同状况，历年的问卷都设置了"培育和践行社会主义核心价值观"必要性、认同性题项，以此测度人们对培育和践行社会主义核心价值观的认知认同状况。

表 3 和图 4 是从已经建有的 2013~2020 年微观调查数据库中获得的人们对培育和践行社会主义核心价值观必要性认知认同的变动趋势。表 3 和图 4 显示，在 2013 年，人们对培育和践行社会主义核心价值观必要性的认同度较低，认为"很有必要"的只有 56.69%。在此后的年度里，在政府部门、社会团体以及企业的多方推动下，从落细、落小、落实的工作要求出发，社会主义核心价值观培育和践行活动通过多渠道多形式展开，使得人们对其"必要性"的认同度有了显著提高。到 2020 年，被调查者中认为"很有必要"的达到了 93.44%。2020 年与 2013 年相比，认为"很有必要"人数的占比增加了 36.75 个百分点。同时认为"没有必要"开展培育和践行活动的被调查者的比重显著下降，2020 年与 2013 年相比，减少了 13.92 个百分点。进一步分

① 柳礼泉、陈方芳、唐珍名：《社会主义核心价值观融入社会生活的四个着力点》，人民网，2015 年 6 月 11 日，http：//theory.people.com.cn/n/2015/0611/c40531-27137396.html。

析，可以发现认为“没有必要”的下降速度比认为“很有必要”的增长速度要快得多。数据说明，通过近几年的培育和践行活动，人们对“社会树正气、家庭立新风”“国家倡导主流价值观、提升正能量”的认知认同有了显著的变化。

表 3 对培育和践行社会主义核心价值观必要性认知认同的变动趋势（2013~2020）

单位：%

出版年份	数据形成年份	没有必要	不清楚	很有必要
2014	2013	16.29	24.07	56.69
2015	2014	20.60	20.80	58.60
2016	2015	12.29	18.58	69.13
2017	2016	11.20	27.70	60.00
2018	2017	4.90	12.00	83.10
2019	2018	3.30	11.30	85.40
2020	2019	2.32	10.11	87.56
2021	2020	2.37	4.20	93.44

说明：2013 年、2016 年数据存在缺失值；表中小数点后第三位按四舍五入处理，总计（合计）如小于或大于 100.00，自动增减为 100.00。

资料来源：湖北大学高等人文研究院、中华文化发展湖北省协同创新中心“中国文化发展微观调查数据总库”（2013~2020）。

（二）用微观调查数据探讨文化发展总体满意度的变动

人们对文化发展的总体满意度，往往是基于对身边的文化基础设施状况、服务水平、需求的满足程度等的感知而形成的一种潜在感受。宏观文化环境的变动和文化发展中的投入、生产、供给与传播都会影响人们对文化发展的满意度。本报告选取了 2 组数据对宏观文化环境的变动与微观感知的满意度变动趋势的一致性问题进行分析。

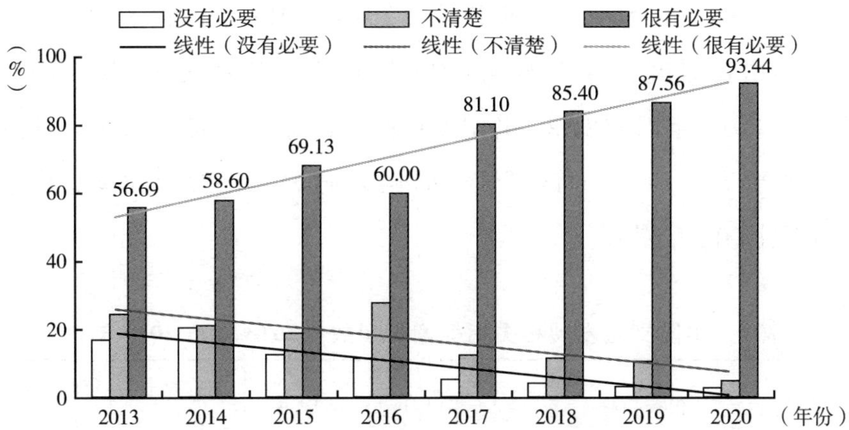

图 4　对培育和践行社会主义核心价值观必要性认知认同的变动趋势（2013~2020）

资料来源：湖北大学高等人文研究院、中华文化发展湖北省协同创新中心“中国文化发展微观调查数据总库”（2013~2020）。

一是比较 2013 年与 2019 年的数据，分析 2013~2019 年这个时期相对增长指数和年均增长指数。选取文化发展中投入、生产、供给、传播 4 个方面的 6 个关键指标。

表 4 显示，从 2013 年和 2019 年这两个年份看，相对于 2013 年，2019 年文化事业费投入增长指数为 100.90%，机构数增长指数为 17.52%，产值增长指数为 105.83%，图书、报纸发行量增长指数为-25.54%，图书流通人次增长指数为 83.08%，文物机构接待人次增长指数为 75.84%。如果以 2013 年为基年、2019 年为观测年计算，2013~2019 年，文化事业费年均增长了 12.33%，机构数年均增长了 2.73%，产值年均增长了 12.79%，图书、报纸发行量年均减少了 4.80%，图书流通人次年均增长了 10.60%，文物机构接待人次年均增长了 9.86%。消除数据的量纲以后，两个年份的 6 个关键指标合计相对增长率为 63.15%，

年均增长率为 8.50%。数据说明，2013~2019 年，我国文化发展的年均增长速度比这个时期 GDP 的年均增长速度 9.20%要低，但是与 2013 年以前的 20 世纪 90 年代中期以及前期相比，其发展速度要高得多。[①] 应该说这个时候人们对文化发展的满意度也是呈现提升的趋势。

表 4　中国文化发展相关指标增长指数（2013 年与 2019 年）

类别	相关指标	2013 年	2019 年	相对增长（%）	年均增长（%）
投入	文化事业费(亿元)	530.49	1065.75	100.90	12.33
生产	机构数(个)	62040	72912	17.52	2.73
	产值(亿元)	21870	45016	105.83	12.79
供给	图书、报纸发行量(亿册)	598.23	445.46	-25.54	-4.80
传播	图书流通人次(万人次)	49232	90135	83.08	10.60
	文物机构接待人次(万人次)	74706	131361	75.84	9.86
合计(消除数据的量纲)		208976.72	340935.21	63.15	8.50

注：“机构数”是公共图书馆、文化站、博物馆、艺术表演场馆 4 类数据之和，余同。

资料来源：中华人民共和国文化和旅游部编《中国文化文物和旅游统计年鉴 2020》，国家图书馆出版社，2020；国家统计局社会科技和文化产业统计局、中宣部文化体制改革和发展办公室编《中国文化及相关产业统计年鉴 2020》，中国统计出版社，2020。

二是利用环比增长指数，比较 2013~2014 年、2018~2019 年两个时间段文化发展变化的特征。

表 5 和图 5 显示，从所列的 6 个关键指标的总体发展看，2014 年的环比增长指数高于 2019 年。宏观数据说明，2014 年相

① 江畅、孙伟平、戴茂堂主编《文化建设蓝皮书：中国文化发展报告（2020）》，社会科学文献出版社，2020。

对于 2013 年而言，文化发展的情况要好于 2019 年相对于2018 年。

表 5 两个时间段文化发展宏观数据变动指数比较

类别	相关指标	2013 年	2014 年	2018 年	2019 年	2014 年与 2013 年相比(%)	2019 年与 2018 年相比(%)
投入	文化事业费(亿元)	530.49	583.44	928.33	1065.75	9.98	14.80
生产	机构数(个)	62040	64727	74923	72912	4.33	-2.68
	产值(亿元)	21870	24538	41171	45016	12.20	9.34
供给	图书、报纸发行量(亿册)	598.23	595.00	446.03	445.46	-0.54	-0.13
传播	图书流通人次(万人次)	49232	53036	82032	90135	7.73	9.88
	文物机构接待人次(万人次)	74706	84256	122387	131361	12.78	7.33
合计(消除数据的量纲)		208976.72	227735.44	319453.36	340935.21	8.98	6.72

资料来源：中华人民共和国文化和旅游部编《中国文化文物和旅游统计年鉴 2020》，国家图书馆出版社，2020；国家统计局社会科技和文化产业统计局、中宣部文化体制改革和发展办公室编《中国文化及相关产业统计年鉴 2020》，中国统计出版社，2020。

下面通过分析微观调查获得的满意度数据来判断 2014 年的“满意度”是否高于 2019 年。

表 6 和图 6 显示，在 2013 年、2014 年、2015 年这 3 年中，人们对文化发展总体满意度不高，在被调查的群体中，达到“满意”程度的分别只有 49.80%、48.10%、47.80%。2016 年以后，人们对文化发展的总体满意度显著上升，2016 年、2017 年、2018 年、2019 年、2020 年其满意度分别为 71.10%、72.50%、

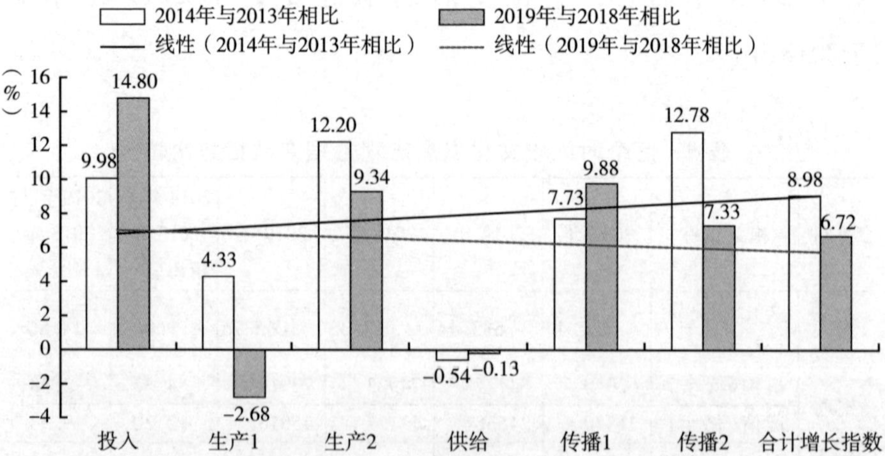

图 5　两个时间段文化发展宏观数据变动指数比较

注：生产 1 指机构数，生产 2 指产值；传播 1 指图书流通人次，传播 2 指文物机构接待人次。

资料来源：中华人民共和国文化和旅游部编《中国文化文物和旅游统计年鉴 2020》，国家图书馆出版社，2020；国家统计局社会科技和文化产业统计局、中宣部文化体制改革和发展办公室编《中国文化及相关产业统计年鉴 2020》，中国统计出版社，2020。

80.70%、87.81%、91.87%。2020 年与 2013 年相比，表示“满意”的被访者的比重增加了 42.07 个百分点。特别是，表示“一般”的比重下降非常明显。

表 6　对中国文化发展总体满意度的变动趋势（2013～2020）

单位：%

出版年份	数据形成年份	不满意	一般	满意
2014	2013	17.70	32.50	49.80
2015	2014	13.16	38.74	48.10
2016	2015	8.10	44.00	47.80
2017	2016	6.10	22.80	71.10

续表

出版年份	数据形成年份	不满意	一般	满意
2018	2017	7.50	20.00	72.50
2019	2018	5.20	14.10	80.70
2020	2019	2.66	9.53	87.81
2021	2020	3.42	4.71	91.87

说明：表中小数点后第三位按四舍五入处理，总计（合计）如小于或大于100.00，自动增减为100.00。

资料来源：湖北大学高等人文研究院、中华文化发展湖北省协同创新中心“中国文化发展微观调查数据总库”（2013~2020）。

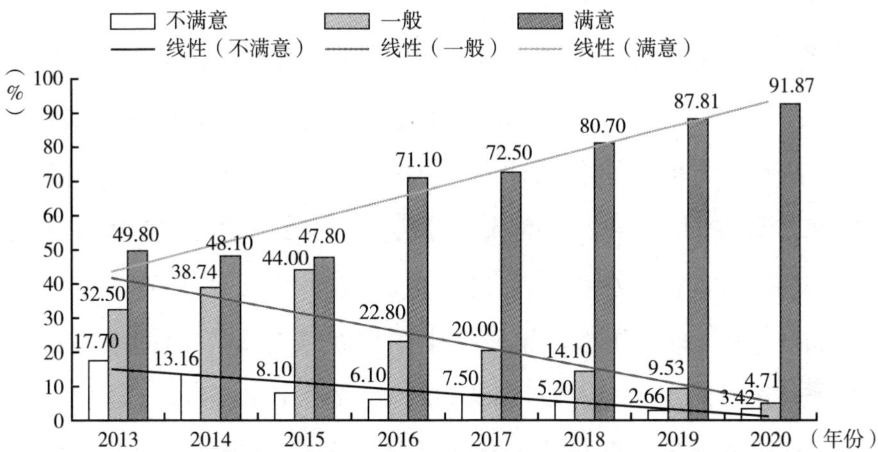

图 6　对中国文化发展总体满意度的变动趋势（2013~2020）

资料来源：湖北大学高等人文研究院、中华文化发展湖北省协同创新中心“中国文化发展微观调查数据总库”（2013~2020）。

经过对比以上两组数据，可以发现，人们对文化发展总体满意度的变动与文化发展宏观数据的变动有一致的地方，也有不一致的特征。总体上，随着文化建设的发展，人们的满意度会显著上升。但是从短期或者从微观看，即使文化建设发展中诸如投入、生产有短期波动，人们的满意度也并不一定会随之下降。但是如果文化建设发展中供给和传播出现了导向性问题，特别是社会舆论环境不利于树正气、立新风，或者价值观导向出了问题，人们的满意度就会显著下降。在2020年抗击新冠肺炎疫情中，社会文化心理建设、舆论导向正确，那么“再难也不难”，社会团结一心，积极抗疫，控制疫情，取得重大战略成果的事实，充分印证了文化建设发展与人们满意度之间的关联性和特殊性。

（三）用微观调查数据分析“一带一路”建设与文化“走出去”意义认知认同的变动

首先，要研究“一带一路”建设与文化“走出去”，就要了解人们对“一带一路”建设与文化交融意义的知晓情况。从认知理论看，人们对事物的认同，往往建立在认知的基础上。在开展微观调查时，需要测度人们关于“一带一路”建设与文化“走出去”的国际意识、文化自信程度，以及是否关注了解以“一带一路”建设作为桥梁传播中国传统文化和治国理政方针的重大意义。同时基于“政通人和”的文化建设思考，需要考察人们对对外交流、弘扬中国优秀传统文化、创新推动民间人文交流、促进民心相通等重要意义的认知程度。因为，没有正确的认知，就没有高水平的“走出去”，也没有高度的认同。

为了清楚了解人们对“一带一路”建设与文化“走出去”意义的认知认同状况，在问卷设计初期，研究人员对国家相关部门建立的“一带一路”官方网站所发布的信息进行了收集，发现在现有的情况下，相关网站的数据信息不能满足研究人员深入分析此方面问题的需要。为此，问卷设计者在2015年、2016年、2017年、2018年、2019年和2020年这6个年份的问卷中设计了相关题项。在问卷中分别以"'一带一路'建设，使我看到了中国的经济实力和制度实力""'一带一路'建设彰显了国家文化建设的总体布局和构想""'一带一路'建设，加快了中华文化'走出去'的步伐，使其成为世界先进文化的一部分""'一带一路'搭建了文化产业'走出去'的桥梁"等题项测度人们对此问题认知认同的变化。

表 7 和图 7 显示，2015 年，认同"一带一路"建设与文化"走出去"意义的只有 51.70%，2020 年为 90.40%。2020 年与 2015 年相比，认同度提高了 38.70 个百分点。数据说明，随着文化对外交流走廊的构建，绝大多数被调查者对国家开展的"一带一路"建设以及倡导的文化"走出去"的意义已经有了较清晰的认知认同。需要注意的是，2020 年，样本中还是有 7.48% 和 2.12% 的人分别不清楚和不认同"一带一路"建设与文化"走出去"的重大意义。

表 7　对"一带一路"建设与文化"走出去"意义认知认同的变动趋势（2015~2020）

单位：%

出版年份	数据形成年份	不认同	不清楚	认同
2016	2015	16.30	31.90	51.70
2017	2016	6.40	26.20	67.40
2018	2017	4.60	17.80	77.70
2019	2018	3.40	12.70	83.90
2020	2019	2.30	11.63	86.07
2021	2020	2.12	7.48	90.40

说明：表中小数点后第三位按四舍五入处理，总计（合计）如小于或大于 100.00，自动增减为 100.00。

资料来源：湖北大学高等人文研究院、中华文化发展湖北省协同创新中心"中国文化发展现状调查"（2015~2020）。

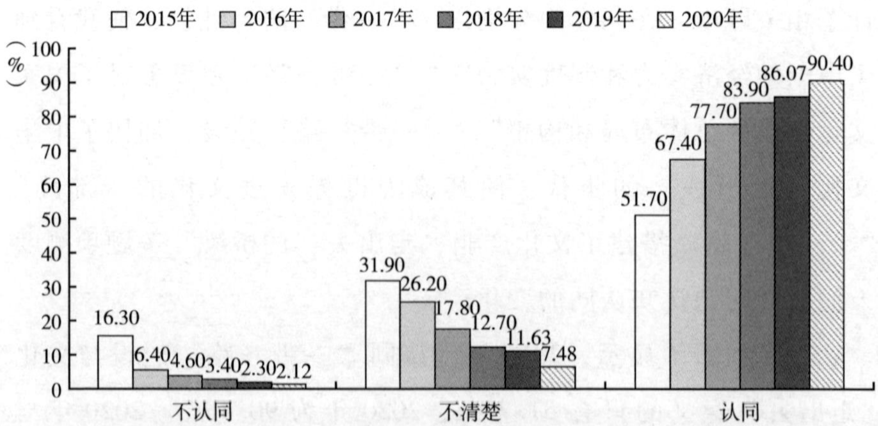

图 7 对“一带一路”建设与文化“走出去”意义认知认同的变动趋势（2015~2020）

资料来源：湖北大学高等人文研究院、中华文化发展湖北省协同创新中心“中国文化发展现状调查”（2015~2020）。

其次，要研究“一带一路”建设与文化“走出去”，就要了解人们对“一带一路”建设与文化“走出去”的作用及功能的认知认同状况。因为只有人们对“一带一路”建设与文化“走出去”的作用及功能有了高度的认同，“一带一路”建设与文化“走出去”的政策才能真正实施。同样，在 2015 年、2016 年、2017 年、2018 年、2019 年和 2020 年的调查问卷中，设计者分别设计了“‘走出去’发展文化贸易，可以更好地弘扬中国传统文化”“对外文化交流，有助于增进外国人对中国文化的了解、扩大文化影响力”“‘一带一路’扩大了文化对外开放，促进了文化交流和人文沟通”等题项，以此测度人们对“一带一路”建设与文化“走出去”的作用及功能的认知认同情况。

表 8 和图 8 显示，2020 年与 2015 年相比，认同度提高了 47.66 个百分点。数据说明，随着“一带一路”建设的推进，人

们对文化“走出去”的作用及功能的认知认同向好，“认同”的比重逐年上升，“不清楚”的比重大体上呈下降趋势，“不认同”的比重逐年下降。2020 年与 2015 年相比，“不认同”的比重下降了 12.76 个百分点。数据表明，人们对于“一带一路”建设与文化“走出去”的作用及功能已经有了较清晰的认知，而且对“一带一路”建设对文化“走出去”的推进作用也有了较高的认同度。

表 8　对“一带一路”建设与文化“走出去”的作用及功能认知认同的变动趋势（2015~2020）

单位：%

出版年份	数据形成年份	不认同	不清楚	认同
2016	2015	14.30	39.20	46.41
2017	2016	6.80	17.80	75.30
2018	2017	4.10	16.10	79.80
2019	2018	3.00	9.00	87.90
2020	2019	2.41	9.66	87.94
2021	2020	1.54	4.39	94.07

说明：表中小数点后第三位按四舍五入处理，总计（合计）如小于或大于 100.00，自动增减为 100.00。

资料来源：湖北大学高等人文研究院、中华文化发展湖北省协同创新中心“中国文化发展现状调查”（2015~2020）。

（四）用微观调查数据检视公共文化建设绩效的变动

公共文化服务是指由政府主导、社会力量参与、以满足公民基本文化需求为主要目的的公共文化设施、文化产品、文化活动以及其他相关服务。人们对公共文化设施建设、产品质量以及相关服务的感知度、满意度，可以作为衡量或者评价公共文化建设绩效的指标。在问卷设计、报告撰写的过程中，研究人员都对公

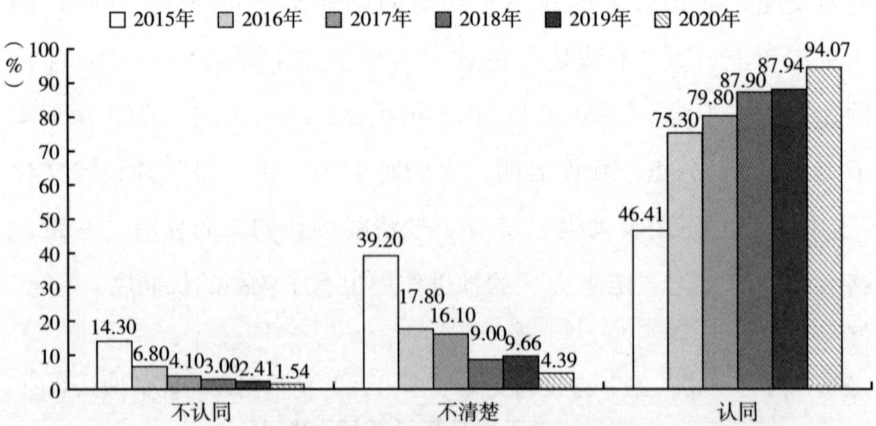

图 8　对“一带一路”建设与文化“走出去”的作用及功能认知认同的变动趋势（2015~2020）

资料来源：湖北大学高等人文研究院、中华文化发展湖北省协同创新中心“中国文化发展现状调查”（2015~2020）。

共文化建设发展方面给予了高度的关注，并在历年的调查问卷中都专门设计了相关内容板块；同时，在调研过程中要求调研人员深入乡镇，入村入户进行调查。特别是 2017 年国家颁布了《中华人民共和国公共文化服务保障法》以后，以该项法律为依据，调研中心进一步高度关注了人们对公共文化建设的感知度的变化、基层组织和相关部门出台的新措施的效果以及基层公共文化基础设施建设与完善这三方面的内容。下面将以历年来通过微观调查获取的满意度数据观测人们对公共文化建设以及相关服务满意度的变动。

表 9 和图 9 的数据显示，2014 年人们对公共文化建设以及相关服务表达“满意”的比重十分低，仅为 15. 95%，而表现出“不满意”的高达 28. 22%，认为“一般”的达到了 55. 82%。在这期

间，调研人员在进村入户调查时也发现，有的地方人们对公共文化建设环境的评价非常差，特别是在乡镇基层，文化站变成了麻将室，乡镇文物古迹长期无人管理，佛堂经常人来人往、熙熙攘攘，这些地方的民风以及社会风气往往正气不足、邪气有余。但是在2017年前后，随着扶贫攻坚战的打响以及基层党员干部工作作风的改进，人们对身边的每一个变化都有了明显的获得感和感知度。在2019年的大规模调查中，调研人员入户调查时发现，多数基层组织建设发生了明显的变化，乡村文化建设出现了特色文化品牌，“一村一舞台”也落实到位，农村基层文化生活明显改善，人们对公共文化建设以及相关服务的满意度明显提高。调查数据显示，2020年与2014年相比，满意度增加了74.12个百分点。

表9　对公共文化建设以及相关服务满意度的变动趋势（2014~2020）

单位：%

出版年份	数据形成年份	不满意	一般	满意
2015	2014	28.22	55.82	15.95
2016	2015	27.80	60.60	11.60
2017	2016	12.70	34.80	52.40
2018	2017	5.90	22.10	72.00
2019	2018	4.40	15.30	80.40
2020	2019	2.92	11.56	85.53
2021	2020	2.83	7.10	90.07

说明：表中小数点后第三位按四舍五入处理，总计（合计）如小于或大于100.00，自动增减为100.00。

资料来源：湖北大学高等人文研究院、中华文化发展湖北省协同创新中心“中国文化发展微观调查数据总库”（2014~2020）。

数据表明，《中华人民共和国公共文化服务保障法》的颁布促进了政府和社会各部门加大基层文化基础设施的建设力度，特别是在2020年之前基层文化建设要限时达标的指标约束下，基

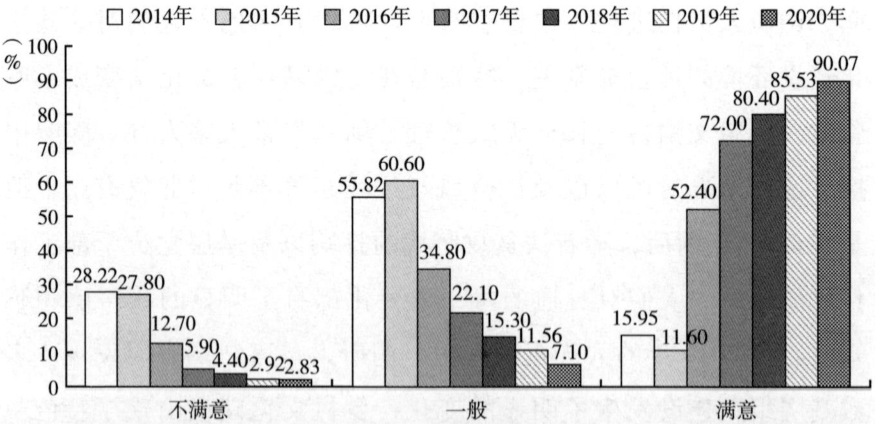

图 9　对公共文化建设以及相关服务满意度的变动趋势（2014～2020）

资料来源：湖北大学高等人文研究院、中华文化发展湖北省协同创新中心“中国文化发展微观调查数据总库”（2014～2020）。

层公共文化建设状况有了明显的改善，人们在接触和使用身边的公共文化设施时，感到了多样性、丰富性和便利性等方面的变化和改善，由此提升了对公共文化建设以及相关服务的满意度。以上分析说明，国家对基层文化建设提出限时达标的要求，具有约束性，对提高公众满意度有积极作用。

（五）公众获取文化产品和服务的路径特征及使用公共服务设施的偏好

关注公众获取文化产品和服务的路径特征，分析公众使用公共服务设施的偏好，可以为国家制定相应的公共文化发展政策、调整相关的公共服务措施提出精准的咨询意见。同时可以为社会、企业精准提供对应需求的公共服务产品，提出具有可操作性的建议。为此，我们从 2016 年开始对问卷进行规范化设计，持续调查相关信息，分析其特征与偏好。

从整体看，表 10 的数据反映出人们获取文化产品和服务的路径具有多样性，但是从比重的排序看，也有其特点。从 2016~2020 年的微观调查数据中可以发现，公众获取文化产品和服务的主要路径，第一是利用手机或者电脑上互联网，第二是观看影视与专题节目，第三是阅读报纸、杂志，第四是参加宣传教育活动。而且这样的排序特征与 2013 年、2015 年的小规模调查的排序特征基本相同。但是在 2020 年，受新冠肺炎疫情的影响，影院实行封闭管制，为了阻止病毒传播，人们减少接触作为传统媒介的文化产品，同时聚集性群众文化宣传教育活动受到限制，人们获取文化产品和服务的路径发生了明显的变化。与 2019 年相比，2020 年，通过“宣传教育活动”获取文化产品和服务的比重陡降了 20.88 个百分点，通过“报纸、杂志”获取文化产品和服务的比重下降了 15.87 个百分点，通过“影视与专题节目”获取文化产品和服务的比重下降了 8.54 个百分点，在这些路径所占比重下降的同时，利用互联网，在线获取和无纸化获取文化产品和服务的比重上升了 5.05 个百分点。

表 10　公众获取文化产品和服务的路径特征（2016~2020）

单位：%

出版年份	数据形成年份	互联网	报纸、杂志	宣传教育活动	影视与专题节目
2017	2016	60.50	29.50	20.50	50.30
2018	2017	74.40	33.10	31.50	47.00
2019	2018	68.90	40.00	27.00	50.40
2020	2019	76.10	43.98	29.60	59.86
2021	2020	81.15	28.11	8.72	51.32

资料来源：湖北大学高等人文研究院、中华文化发展湖北省协同创新中心“中国文化发展现状调查”（2016~2020）。

从我国互联网发展的现实情况看，2015 年以后，城乡的网络覆盖率都呈现几何级数增长趋势。在智能手机普及率越来越高的前提下，人们无论是娱乐休闲还是工作生活，都已经习惯通过上网来获取所需要的相关信息。作为获取文化产品和服务的途径，公众对互联网的依赖程度，不论是以前、现在还是将来，都具有稳定性，而且这种依赖程度还具有逐步提高和无城乡区别的特征。公众对互联网获取途径的依赖和偏好在一定程度上印证了宏观统计数据所反映出的情况：互联网覆盖率逐年上升，2019 年互联网覆盖率已达到 98.00%以上；拥有智能手机的人数逐年增加，2019 年全国手机用户超过 15.7 亿人，人均拥有手机超过 1.12 部。与此同时，中央和地方的融媒体飞速发展，数字产品、技术突飞猛进，人们利用互联网可以轻而易举获取文化消费产品。但是值得提及的是，2019 年全国手机用户超过 15.7 亿人，这一数据不能被解读为“全国所有人都可以利用手机上网获取文化产品和服务”。因为，调查发现，仍然存在一定比例的被调查者，特别是老年人，还不会用手机上网。在智能手机普及的现实条件下，这些人获取文化产品和服务的途径受到限制，已经成为事实上的“落伍者”。

表 11 的数据显示，从使用最多的公共文化服务设施的特征与变化看，第一，偏好使用图书馆获取文化产品和服务的比重较高。这说明图书馆在公共文化服务中起着重要的作用。这个偏好特征提示，文化建设和发展要重视图书馆的馆藏数量、馆藏质量与科技含量等方面的建设。从目前图书馆的图书流通人次看，越来越多的普通民众希望到图书馆借阅图书，用知识

与文化提升自己，越来越多的人希望让自己或者家人在图书馆中享受知识的洗礼。第二，偏好到影剧院观看影视作品的比重也较高，数据说明，到影剧院观看影视作品的民众越来越多。从供给角度看，一方面说明影视作品的质量在不断提升，越来越符合大众的文化需求；另一方面说明人们在解决了生存和温饱问题以后，对文化产品的消费需求也在逐渐增加。作为文化产品的提供者，文化产业及其管理部门要以市场需求为导向，推出更多更好的优秀作品来吸引观众、提升民众的消费能力。第三，偏好到博物馆参观、到文化馆享受艺术熏陶的比重较低。从供给角度看，这一数据说明博物馆、文化馆提供的产品及其自身的建设发展还不尽如人意，宏观统计数据也反映出博物馆接待的人次增长速度较慢、文化馆的功能以及艺术创作能力还处于较低的水平，同时存在可供给的公共文化产品单一、缺乏创意等问题。

表 11　使用最多的公共文化服务设施的特征与变化（2015~2018）

单位：%

出版年份	数据形成年份	图书馆	博物馆	文化馆	影剧院	体育馆	其他
2016	2015	38.70	4.80	5.40	17.30	12.40	17.60
2017	2016	31.10	8.00	9.50	32.40	15.40	3.60
2018	2017	30.90	5.40	8.80	29.40	18.30	7.20
2019	2018	32.80	4.20	8.20	27.30	18.40	9.00

注：2019 年和 2020 年的问卷调查没有调查这一项，没有相应的数据与宏观数据进行比较。2015 年数据存在缺失值，表中小数点后第三位按四舍五入处理，总计（合计）如小于或大于 100.00，自动增减为 100.00。

资料来源：湖北大学高等人文研究院、中华文化发展湖北省协同创新中心“中国文化发展现状调查”（2015~2018）。

四 基本结论、困境与思考

（一）基本结论

国家统计数据的获得一般会经历从宏观汇总数据开发到专题数据开发再到微观调查数据的深度开发和应用的过程。利用大数据研究中国文化发展，撰写中国文化发展国情咨询报告也是如此。从发展趋势看，利用微观调查数据研创《中国文化发展报告》，至少具有以下四个特征和功能。

第一，微观调查数据具有印证解释宏观大数据的特征。即借助微观调查数据分析、探索文化发展变动的状况，既可以“以小见大”，也可以预测文化发展变动的趋势。在大数据背景下，微观调查数据的建库、开发和运用的作用将越来越重要，国家在做政策分析和决策时，为了更加精准，将微观调查数据作为印证判断宏观环境的依据，这是正确决策中不可缺少的环节和实证依据。

第二，微观调查数据具有分析“软指标”的特征，可以随需要灵活使用，同时可以动态跟踪分析宏观数据在微观环境中的特定表现。因此，在大数据背景下，研究者更需要关注微观调查数据中的跟踪调查数据的建库工作，特别是作为国家软实力的文化发展，更需要更多的微观调查数据库，为宏观决策做场景数据支撑。

第三，《中国文化发展报告》的研创过程，实际上是宏观数据与微观调查数据相结合，分析中国文化发展变动的研创过程。

宏观数据与微观调查数据二者不能偏误和脱节，否则，宏观数据就不能生动地解释真实的现实数据世界；而微观调查数据离开了宏观大数据的支持，可能会以偏概全，可能只能说明局部，对整体而言不具有代表性。

第四，随着网络问卷调查技术的成熟和发展，借助网络平台推送问卷获取微观调查数据将成为一种趋势。疫情防控常态化时期，使用网络平台进行问卷调查将会成为常态，但是网络问卷存在的偏态问题、样本对总体的代表性问题不能被忽视，必须采取“纠偏”措施，只有这样微观调查数据才能具有总体代表性。

（二）困境与思考

第一，在大数据背景下，在微观调查数据的开发过程中要有大数据的思维。例如，利用海量的大数据，提炼出微观调查所需要的信息要素。从目前看，实现这一点还有很大的困难。这些困难主要表现在，利用人工智能或者机器学习等技术，还不能将所收集的大数据还原为具体的微观场景，数据中的噪声多、无效信息多，几乎不能为专题研究做数据支撑。同时，在具体调查工作中，无论是工具的开发还是人才的培养都需要一定的周期，这也是一个难题。当前，人工智能的应用也尚处在探索阶段，想利用微观调查数据很好地为国民经济决策提供更有价值的依据、更生动的例证，需要投入大量的人力、物力、财力。从目前看，微观调查的经费投入仍然没有受到足够的重视，微观调查研究由于受经费的制约，调查样本往往偏少，覆盖面往往不全，专业调查团队难以组成，聘请市场化或者营利性的调查公司协助微观调查成本高。同时，研究人员往往对市场化的调研团队所获取数据的质量持怀疑态度。

第二，文化发展的宏观数据统计指标受到统计法规定的约束，一般不能改变，而且数据的发布往往具有滞后性，但文化发展的客观现实处于不断的变化之中。因此，要对文化发展前景进行超前预判，就必须通过微观调查，通过数据描述、数据建模等统计方法进行统计推断。但是从目前看，既具备文化发展的系统理论知识，又擅长文化管理的社会实践，还熟悉统计方法，能利用多学科的知识进行统计分析、建模、预测的学科交叉型人才十分缺乏。从统计工具的运用看，目前全面掌握多项统计软件的操作技能和运用统计软件进行高级统计分析的研究者也很少。这些专业人才的匮乏极大地阻碍了微观调查数据的开发和运用。

第三，尽管当前国家非常提倡和支持科研工作者展开调查研究，但是对文化的研究必须以人文学科为基础，而人文学科研究甚少涉及真正意义上的调查研究。究其缘由，真正的、科学的微观调查研究绝不仅仅是到基层去看看或者是近距离观察。真正的、科学的微观调查数据库的构建和开发是一个系统的工程，不仅要在事前做好科学、系统的策划和预调查，还要形成多样化的文本数据。比如，调查中要形成访谈文本数据，访谈文本数据的积累，可以帮助写出生动的报告文学或者纪实小说；在调查中要形成影视数据资料，影视数据资料的积累，可以帮助形成影视作品，可以生动再现影视数据的本来面貌；在调查中要形成规范化的可量化分析的数据库，其可以帮助进行科学的统计推断，为国家政策的制定和决策提供可靠的数据支撑，这才是真正全面开发微观调查数据的科学含义。从目前看，由于资金、人才、知识的局限性，微观调查数据的开发和应用远远没有达到应有的效果，微观调查数据的开发和应用仍然任重道远。

但是，从目前国内外研究者和实践者对微观调查数据的关注度看，有理由相信，微观调查数据和大数据的发展一样，将会受到更多研究者和实践者的重视。因此，微观调查数据的开发前景十分可观。

参考文献

许宪春、余航、杨业伟：《政府微观调查数据开发应用的国际经验和建议》，《统计研究》2017 年第 12 期。

鄢来雄：《开发微观调查数据　服务经济社会发展——访清华大学中国经济社会数据研究中心拟任主任许宪春》，《中国信息报》2017 年 7 月 20 日。

陈丹丹等：《基于保密视角的政府微观调查数据开发应用研究》，《经济纵横》2018 年第 4 期。

许宪春、叶银丹、余航：《中国政府微观数据开发应用：现状、挑战与建议》，《经济学动态》2018 年第 2 期。

王宝滨、韦革：《如何开发应用好微观调查数据》，《中国统计》2018 年第 7 期。

江畅、孙伟平、戴茂堂主编《文化建设蓝皮书：中国文化发展报告（2013）》，社会科学文献出版社，2014。

江畅、孙伟平、戴茂堂主编《文化建设蓝皮书：中国文化发展报告（2014）》，社会科学文献出版社，2015。

江畅、孙伟平、戴茂堂主编《文化建设蓝皮书：中国文化发展报告（2015～2016）》，社会科学文献出版社，2016。

江畅、孙伟平、戴茂堂主编《文化建设蓝皮书：中国文化发展报告（2017）》，社会科学文献出版社，2017。

江畅、孙伟平、戴茂堂主编《文化建设蓝皮书：中国文化发展报告

（2018）》，社会科学文献出版社，2018。

江畅、孙伟平、戴茂堂主编《文化建设蓝皮书：中国文化发展报告（2019）》，社会科学文献出版社，2019。

江畅、孙伟平、戴茂堂主编《文化建设蓝皮书：中国文化发展报告（2020）》，社会科学文献出版社，2020。

皮书与经济社会发展

中国未成年人互联网运用状况十五年调查与探索

——以“青少年蓝皮书”为例*

季为民**

摘　要：本文回顾了十五年来中国未成年人互联网运用状况调查的基本情况和样本情况，结合十五年来调查数据，梳理了未成年人互联网普及率高，城乡触网率差异小；未成年人首次触网年龄逐年走低；网吧成为历史，手机成为主要上网终端等12方面的研究结果。整理出“过度上网”和“网络沉迷”的科学标准和有效干预的手段尚未形成共识；网络不良流行文化对未成年人价值观产生不良影响；“后喻文化”构成网络运用日常场景，家庭网络素养教育任重道远等8个未成年人运用互联网方面的问题，并对十五年来中国未成年人互联网运用状况调查的经验和成果做了总结。最后，本文从宏观层面增强网络强国担当、中观层面加强管理规划和网络文化引

---

* 本文根据作者在第二十二次全国皮书年会平行论坛上的发言录音整理而成，已经本人审阅。

** 季为民，中国社会科学院大学新闻传播学院教授、博士生导师，中国经营报社社长，《青少年蓝皮书：中国未成年人互联网运用报告》主编。

导、微观层面营造良好的网络环境三个角度提出了对策建议。

关键词： 未成年人　互联网运用　网络文化

1994年，中国正式全面接入互联网，历经近30年的发展，中国已经拥有全世界规模最大的网民群体。当代未成年人作为互联网的“原住民”，与网络世界的联系也愈发紧密。据统计，全球网民中，青少年占1/3，每日新增逾17.5万名儿童网民，平均每半秒钟就会新增一名使用网络通信设备的儿童[①]。而根据中国互联网络信息中心2022年2月发布的第49次《中国互联网络发展状况统计报告》的数据，截至2021年12月，我国19岁以下网民约1.82亿，约占全国网民总数的17.6%[②]。未成年人作为网络运用的重要主体，既在网络运用中开阔了眼界、收获了成长，也为构建网络生态环境发挥着自己独特的作用。然而，网络世界的光怪陆离与未成年人独特的身心发展特点碰撞在一起，也让未成年人的网络运用和网络生活面临着诸多的不确定性甚至危险。因此，如何更好地理解和分析未成年人互联网运用的特征和规律，在保障未成年人互联网运用权利、更好地利用网络成长的同时，让他们参与到健康、安全、良性、可持续的网络生态环境的构建中也成为当代青少年和互联网研究中的重要课题。

十五年来，“中国未成年人互联网运用状况调查”课题组通过

① 联合国儿童基金会：《2017年世界儿童状况：数字时代的儿童》（Children in A Digital World——THE STATE OF THE WORLD'S CHILDREN 2017）。

② 中国互联网络信息中心：《第49次〈中国互联网络发展状况统计报告〉》，2022年2月，第32页，http://www.cnnic.net.cn/hlwfzyj/hlwxzbg/hlwtjbg/202202/P020220407403488048001.pdf。

十次全国调查和多次专题性调查，积累了大量关于未成年人网络运用的数据。通过分析和研究这些数据，总结出诸多关于未成年人网络运用的特征和规律性结论，并通过“青少年蓝皮书”以及相关论文和研究报告等成果展示出来。如今，“中国未成年人互联网运用状况调查”与“青少年蓝皮书”已经成为中国未成年人网络运用状况甚至中国网络社会最前端、最敏感的探测器。而回顾“中国未成年人互联网运用状况调查”与“青少年蓝皮书”十五年的发展历程，总结十五年来中国未成年人网络运用的特点和问题也为未来引导未成年人更好地运用网络，构建健康、良性、可持续的互联网生态环境提供重要的参考。

一　“中国未成年人互联网运用状况调查”十五年历程回顾

（一）调查开展与成果产出：调查逐步深入，成果愈发专业

2006 年 5 月 30 日，以“构建面向未成年人的、积极向上、健康文明、充满活力、功能全面的网络”[①] 为宗旨的“中国未成年人网脉工程”正式启动。作为该工程的子项目，2006 年 10 月，第一次“中国未成年人互联网运用状况调查”在共青团中央、全国少工委、中央文明办、中央外宣办、文化部、教育部、工业和信息化部、中国社会科学院、新闻出版总署、国家广电总局等十部门的共同指导下正式启动。以 2006 年的“中国未成年人互联网运

① 李彬：《“中国未成年人网脉工程”在京启动》，《人民政协报》2006 年 6 月 2 日，第 2 版。

用状况调查”为起点，在2006年、2007年和2009年，“中国未成年人互联网运用状况调查”课题组开展了三次全国调查，通过对学生、教师和家长三个群体的同步调查，全面地了解了当时中国未成年人以及教育部门和家庭对互联网的认识、态度和运用情况。

2010~2014年，“中国未成年人互联网运用状况调查”课题组连续开展了5次全国性调查，在总结和延续此前3次全国性调查经验成果的基础上，这5次全国调查通过对全国各地的学生、辅导员和家长三个群体的同步调查，更加准确地观测到在21世纪第二个十年中已经成为互联网“原住民”的未成年人的用网特点、互联网对他们的影响，以及家庭、学校等不同组织和群体对他们用网行为的态度。

2014~2017年，“中国未成年人互联网运用状况调查”课题组针对不同类型的未成年人群体开展了诸多针对性的调查，对未成年人的互联网运用情况有了更加深入的认识。2017~2018年，针对未成年人网络运用的全国性调查再次启动。截至2020年，“中国未成年人互联网运用状况调查”课题组在十五年间共完成10次全国性调查，参与调查的未成年人学生数量超过8万人次。这些调查为了解、分析和研究中国未成年人互联网运用的状况、特点和规律积累了大量的原始数据。目前，“中国未成年人互联网运用状况调查”的第十一次全国调查的数据分析工作正在进行中。

在成果产出方面，2006~2014年，“中国未成年人互联网运用状况调查”课题组完成了7部《中国未成年人互联网运用状况研究报告》，累计超过70万字，为有关部门和决策机构提供了大量切实可行的对策建议。2010年，作为中国社会科学院首批资助的蓝皮书，《青少年蓝皮书：中国未成年人互联网运用报告

（2009~2010）》正式出版发行，本部蓝皮书介绍和分析了2006年、2007年和2009年三次全国性调查的数据。此后，在2010~2014年，“青少年蓝皮书”以每两年一部的速度出版发行，从2018年开始，“青少年蓝皮书”开始每年发行一部。截至2021年，“青少年蓝皮书”共出版7部，累计超过200万字。这些调查数据和研究成果，为研究中国未成年人的网络运用状况、规律和发展趋势提供了鲜活的研究范本，对青少年互联网研究和中国互联网的发展有重要的参考作用。

（二）调查样本选择：代表性不断增强，精准性不断提高

1. 全国性调查：样本选取水平持续提高，代表性不断增强

全国调查是全面了解中国未成年人网络运用状况的最重要手段，也是“中国未成年人互联网运用状况调查”最重要的数据来源。从2006年至2021年，课题组已经开展了11次全国调查。十五年来，本课题组的全国调查呈现出样本选取的科学性和选取水平不断提高、调查对象代表性不断增强的特点。在2006年、2007年和2009年的调查中，课题组对全国范围内的未成年人学生、教师和家长3个群体开展同步调查，全面了解了当时中国未成年人的网络运用的情况和家长、学校对未成年人网络运用的态度。在2010~2014年的全国调查中，针对教师的调查被进一步精准定位为辅导员，这一改变有助于更好地从学校管理和教育抚育的角度了解学校等教育机构对未成年人网络运用的态度以及管理、教育和引导的手段。

在2018年的调查中，课题组特别重视样本选取的均衡性和科学性，以当时最新的《中国统计年鉴》提供的各省级行政区

经济水平的高、中、低作为横向指标，以《中国互联网络发展状况统计报告》中统计的各省级行政区互联网发展状况“发达”“中等发达”“不发达”作为纵向指标。通过“经济+互联网”的交叉指标，综合考虑地域分布、延续性等要素，选取了9个省份作为抽样地区，并选取北京作为直辖市代表。通过对10个经济水平不同、互联网发展状况各异的地区进行实地调查和数据分析，用更具代表性的样本，更加科学地分析了中国未成年人的互联网运用情况，所得出的结论也更具代表性。

在2020年的调查中，课题组对样本选取的方式进一步优化，以GDP和人口规模作为衡量指标，抽样方式更加合理，样本分布更为均衡。同时考虑到未成年人触网年龄持续走低的趋势，此次调查将调查对象的最低年龄从10岁（小学四年级）下调到7岁（小学一年级），更好地了解了当代未成年人特别是低龄儿童对互联网的认识和运用方式。

2. 特定群体和特定地域调查：针对性不断强化，精准性不断提升

除了全国性的调查，在不同时期，针对不同类型的未成年人网络运用情况开展针对性的专题调查和介绍，也是“中国未成年人互联网运用状况调查”和“青少年蓝皮书”的特色。如课题组从2010年开始针对小学生的用网状况进行调查，并在后来的调查活动中不断调低被调查学生的年龄下限，充分适应了当前未成年人用网年龄不断降低的趋势。而从2013年起，在多次调查中都针对留守儿童设置了专门的问卷或访谈，体现了对留守儿童这一特殊群体用网状况的关注。此外“中国未成年人互联网运用状况调查”还开展了针对未成年人手机上网、网络社交、网络暴力、网络文化以及未成年人不上网情况等诸多特定话题的调查，较好地丰富和延展了人们对未成年人网络运用的认识。在内地调查的基础上，“青少年蓝皮书”也在不断拓宽研究视野，关注港澳台地区和国际上未成年人互联网运用的特点和研究成果。如在2020年的“青少年蓝皮书”中就专门设置了“区域报告”和“国别报告”专篇，分析了香港、澳门地区未成年人网络运用状况，介绍了台湾地区未成年人网络运用和保护的情况并分析了美国青少年互联网运用变化的趋势等。十五年来，课题组不断调整和丰富调查内容，令调查的针对性和精准性不断提高，也让全社会更好地了解不同群体、不同类型未成年人网络运用的状况，从而提出更具针对性的对策和建议。

二　十五年来未成年人用网状况调查的主要发现

通过对十五年来未成年人网络运用状况的持续关注以及对相关群体的调查和分析，我们发现，当前未成年人网络运用在普及程度、场所设备、上网行为、亲子行为以及网络文化等方面呈现出以下特点。

（一）普及程度：未成年人互联网普及率高，城乡差异小

通过统计十五年来未成年人互联网普及率和首次上网年龄的数据可以看到。2006~2009年未成年人（13~17岁为主）触网（接触互联网）率在85%~90%，2010~2013年未成年人（10~17岁为主）触网率稳定在90%以上，2017年未成年人（10~17岁为主）触网率达到98.1%，2020年未成年人（10~17岁为主）

触网率达到99.2%，未成年人上网比例基本饱和。十五年来，城乡之间互联网运用差距逐渐缩小，普及差距基本弥合（见图1和图2）。[①]

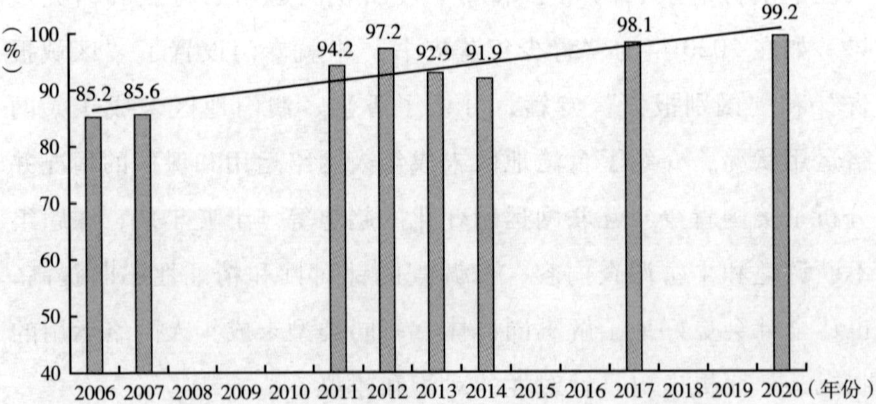

图1　2006~2020年未成年人触网率变化及趋势

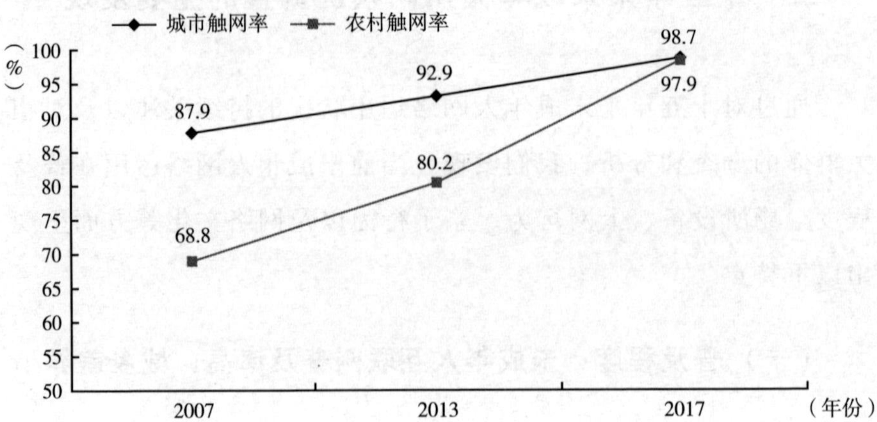

图2　2007~2017年城乡触网率的差距逐渐缩小

① 本文除单独注明的数据外，所有数据和图表均来自历次“中国未成年人互联网运用状况调查”。

（二）触网年龄：未成年人首次触网年龄逐年走低

十五年来，未成年人首次触网年龄持续走低，触网低龄化趋势显著。从总体趋势看，2010 年以来，未成年人 10 岁前首次接触互联网的占比不断增加（见图 3）。而通过比较 2017 年、2020 年的数据可以看到，2017 年，有 24.6%的未成年人在 10 岁以后首次接触互联网，占比最高。到了 2020 年，未成年人触网年龄进一步走低，首次触网年龄在 7 岁的比例为 13.6%，占比最高（见图 4）。

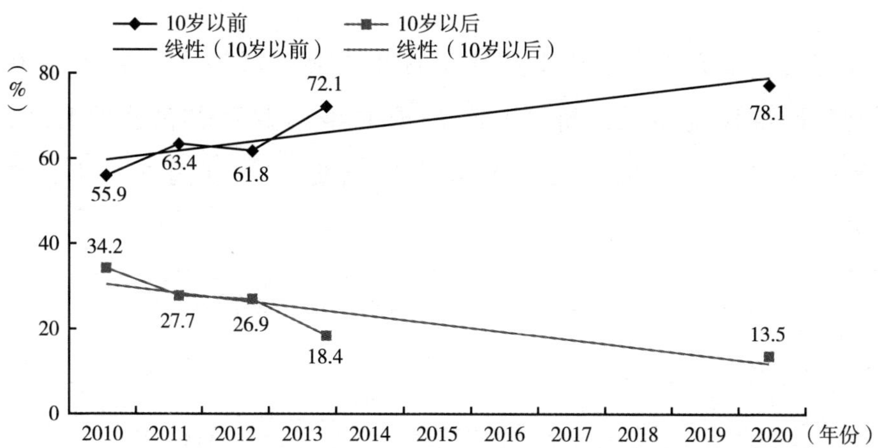

图 3　10 岁前和 10 岁后首次接触互联网的变化趋势

（三）场所设备：网吧成为历史，手机成为主要上网终端

在上网场所和设备方面，未成年人在家上网的比例不断升高，曾经作为社会热点的“网吧”逐渐成为历史。手机已成为未成年人最重要的上网终端，且上网设备多元化趋势显现。十

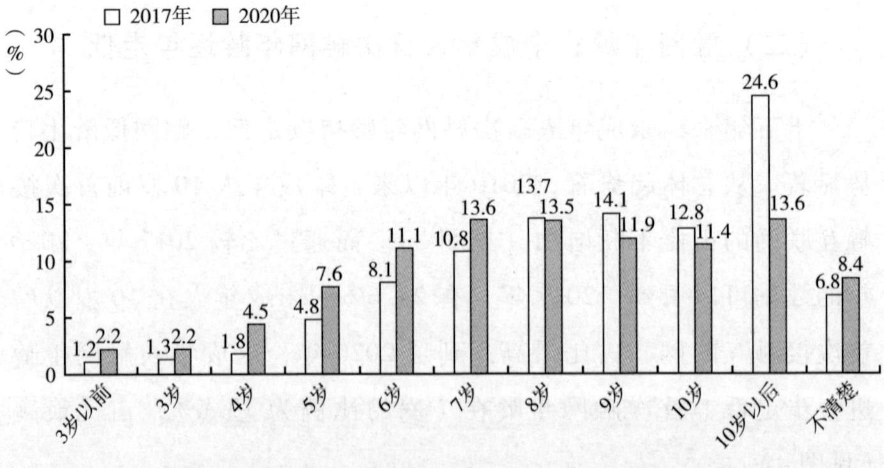

图 4　2017 年、2020 年未成年人首次触网年龄

五年间，未成年人手机上网比例逐年提高。2020 年，青少年上网的设备日益多元，超过 80%的未成年人主要依靠手机上网，智能手表、智能机器人普及程度逐渐提高（见图 5、图 6 和图 7）。

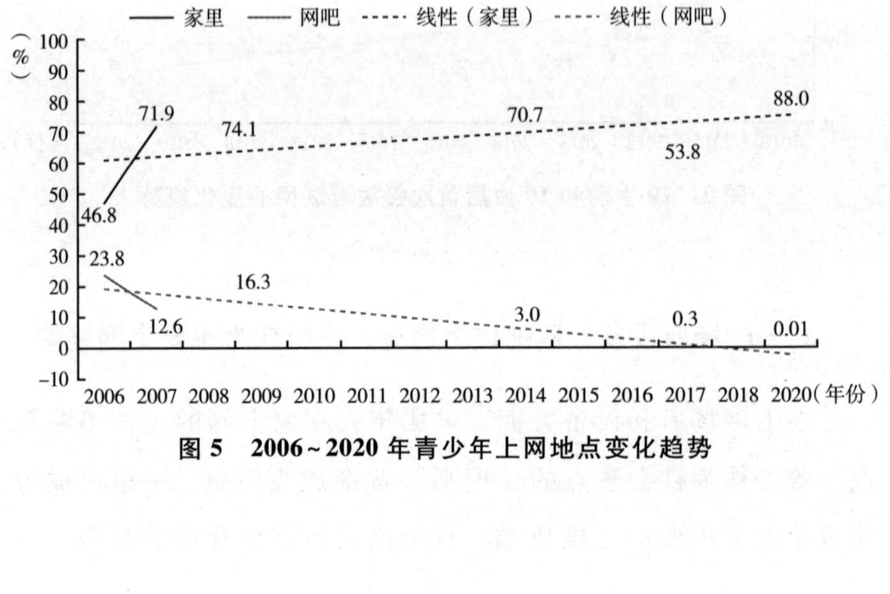

图 5　2006~2020 年青少年上网地点变化趋势

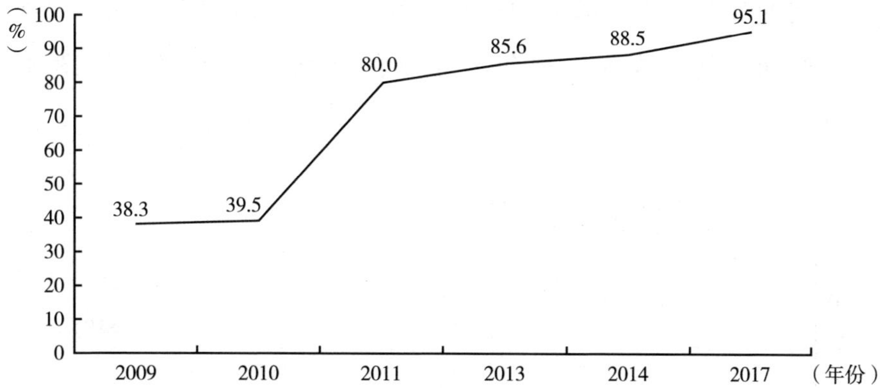

图 6　2009~2017 年青少年手机上网普及率

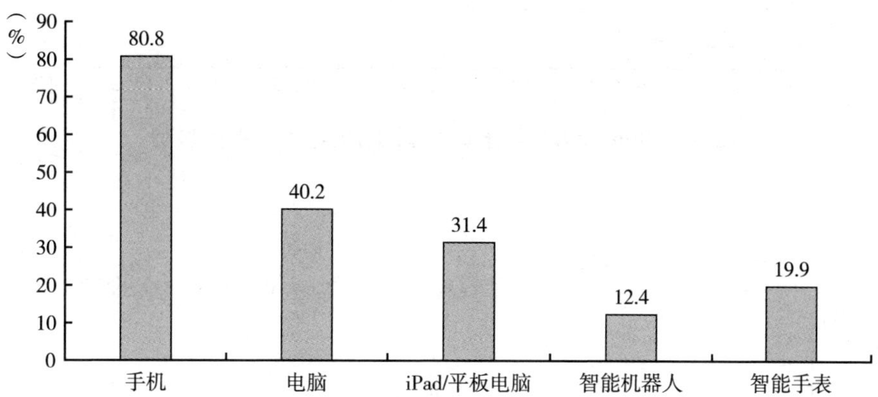

图 7　2020 年青少年上网设备多元化

（四）上网行为：健康科学上网、随时随地按需上网

调查显示，随着未成年人对网络的熟悉程度不断提高和上网便利性不断增强，当前未成年人上网行为呈现出两个特点，第一，随时随地、一天多次的高频上网行为成为当前未成年人网络运用的常态；第二，随着对网络认知的不断完善，健康上网、按

需上网的观念在未成年人中得到普及，多次短时间上网取代一次性长时间上网，成为未成年人主要的网络运用习惯（见图 8、图 9）。

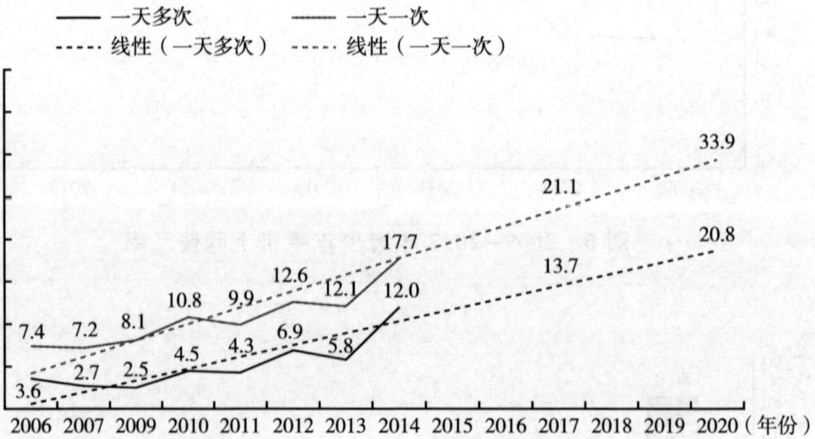

图 8　2006~2020 年未成年人上网频率的变化趋势

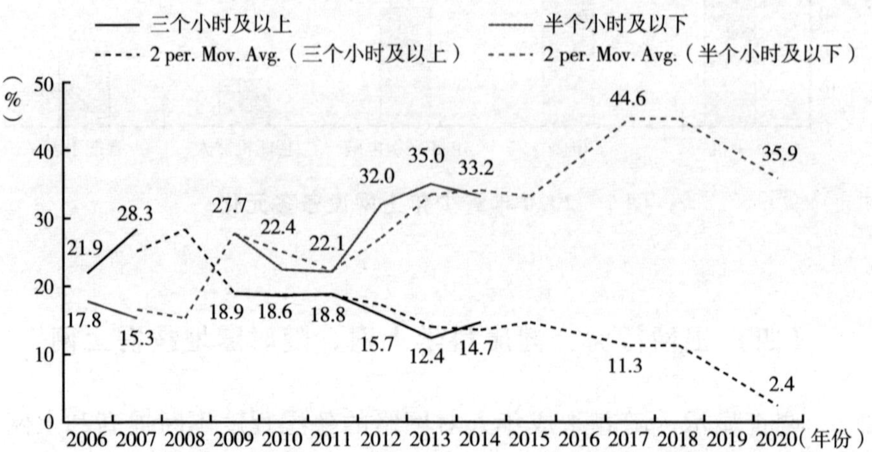

图 9　2006~2020 年未成年人上网时长的变化趋势

（五） 网络应用：从玩到学，从单一到多样，社交媒体受青睐

娱乐、学习和社交是未成年人的主要上网目的，统计结果显示，音乐、游戏、在线学习、微信和视频软件分列最常用软件的前五位，视频门户（63.2%）和短视频平台（62%）是未成年人最常访问的网站。这反映了近年来繁荣的短视频市场已经深刻影响了未成年人的课余生活。其次，网络社交应用多样，微信和视频软件的使用比例明显提升，这也是近年来未成年人网络运用的特点之一（见图 10）。

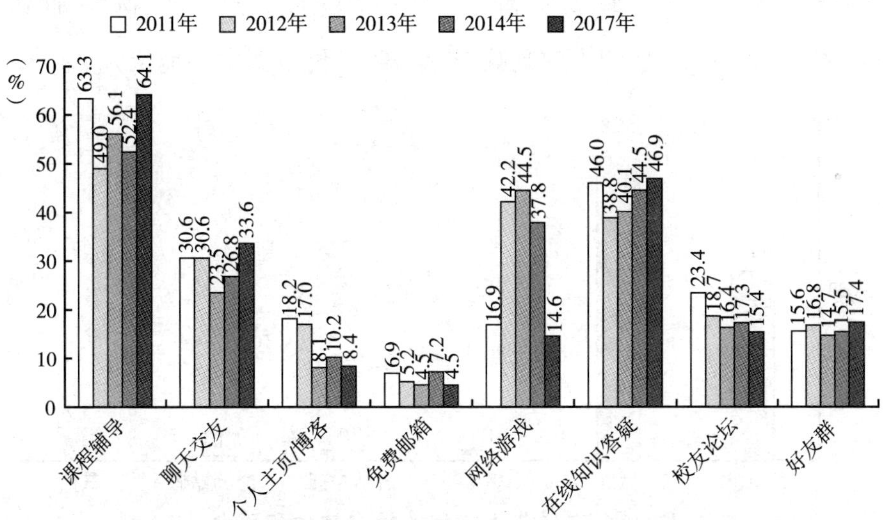

图 10　2011~2017 年未成年网络应用目的占比统计

（六） 社交应用：微信一代正在取代 QQ 一代

2020 年的调查数据中，微信超越 QQ 成为未成年人最常用的社交平台。调查表明，在不同年龄段的未成年人中，中学生更青

睐使用 QQ，小学生更青睐使用微信；对于不同居住地的未成年人来说，城乡未成年人微信使用存在差异（见图 11、图 12 和图 13）。调查显示，2006~2009 年，青少年主要通过 QQ 软件进行社交，历年使用 QQ 的青少年人数占比不断上升，从 76.03%升至 97.5%，此外，青少年使用的聊天软件还有聊天室、E-mail、MSN 等。从 2010 年开始，社区类网站迅速发展。2010 年，使用 QQ 空间的青少年占 59.7%。2011 年，微博社交受到推崇，使用腾讯微博和新浪微博的青少年分别占 18.8%和 11.4%。从 2012 年开始，部分青少年开始使用微信，2012~2014 年，使用微信的青少年人数的历年比例分别为 11.8%、21.67%和 25.7%；2017 年，这一比例增加到 30.4%，而使用 QQ 的人数则减至 59.7%（仍占据主导地位）。

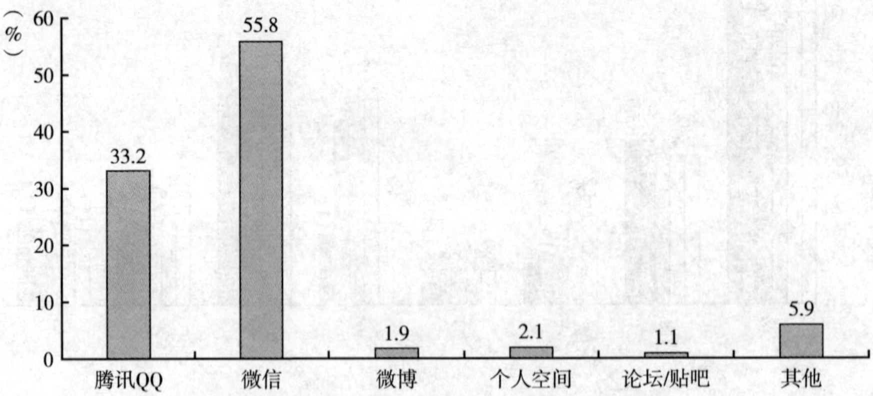

图 11 未成年人常用的社交软件和平台

（七）网络认知：网络塑造社会认知，知识沟加深，引导难度加大

网络在塑造未成年人认知、拓宽视野和带来极大便利的同时，也给未成年人的认知水平发展带来新的挑战，特别是由于城

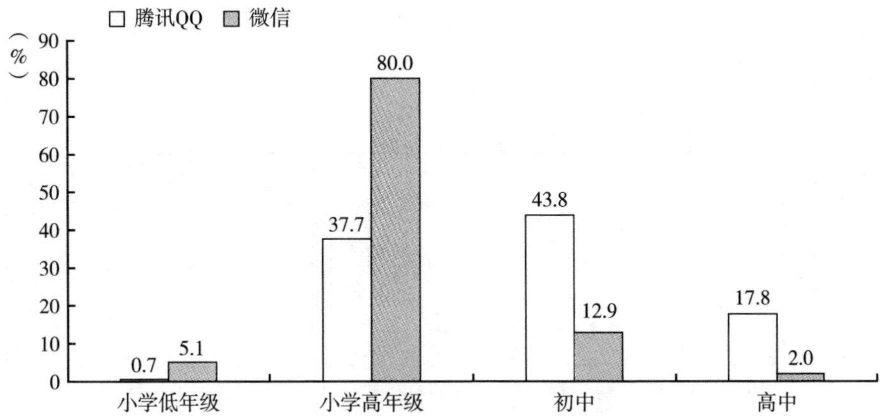

图 12　中小学生使用 QQ 和微信的偏好

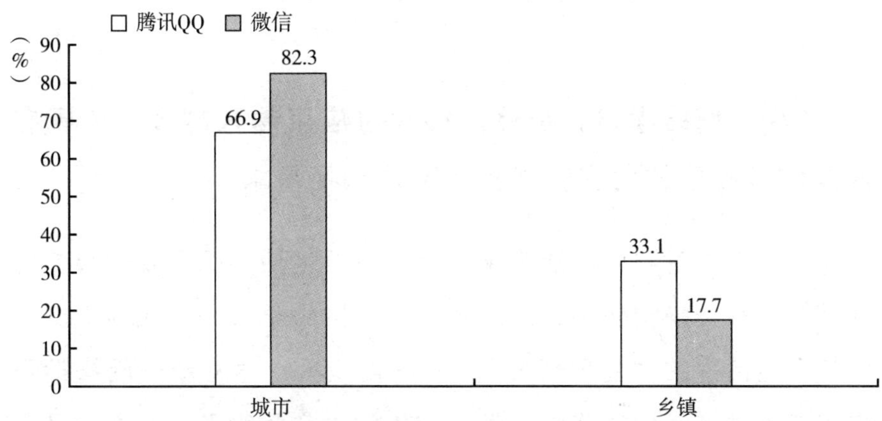

图 13　城乡未成年人使用 QQ 和微信的偏好

乡之间发展水平的差异导致的差距。尽管网络接入的“信息沟”弥合，但是城乡未成年人网络运用目的和功能，特别是利用网络开展学习和信息获取等习惯的差异所导致的“知识沟”日渐加深，如不加以干预，未来随着这一差距继续拉大，对未成年人网络运用的正确引导的难度也将加大（图 14）。

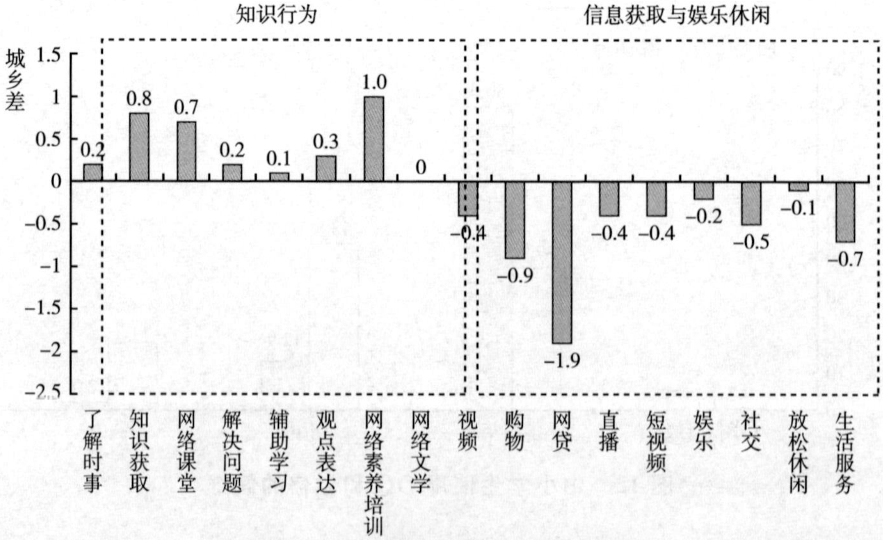

图 14　城乡间网络运用行为差异

（八）网络学习：虽然网络学习应用越来越多，但既有网络学习应用的内容和服务仍不能满足需求

当前在线学习已经成为未成年人学习生活中的重要内容，特别是新冠肺炎疫情防控常态化背景下，网络学习一度成为不少未成年人生活中的“主要任务”。但调查显示，尽管新的网络学习应用越来越多，但这些网络学习应用的内容和服务仍不能满足当前未成年人学习的需求。近几年未成年人对网络服务的需求和期待主要在课程辅导和在线知识答疑两方面，而在其他的网络学习领域，未成年人的需求还有待进一步得到满足（见图 15）。

（九）亲子行为：互联网催生“后喻文化”，形成“文化反哺”景观

“后喻文化”，即青少年向长辈传授知识的行为和过程。作

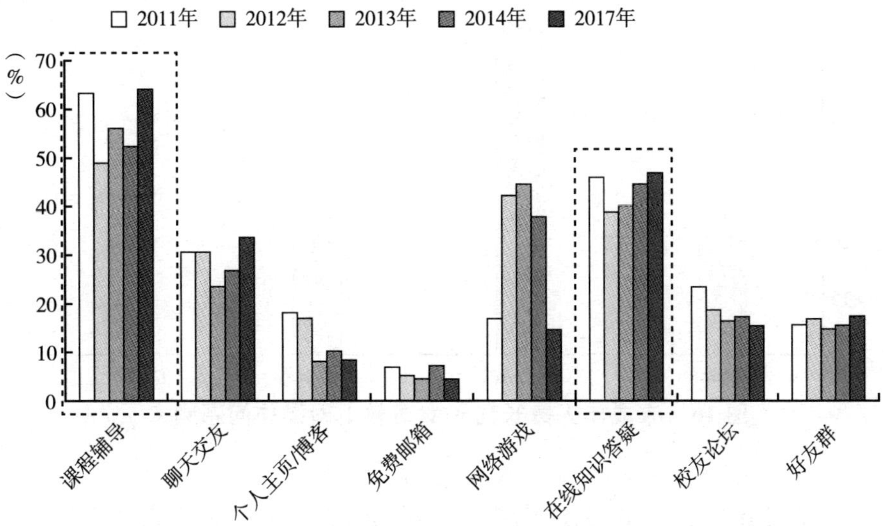

图 15　2011～2017 年未成年人对网络服务的期待

为互联网世界的“原住民”，当代未成年人对网络的认识要超过不少长辈。这也催生出网络时代的“后喻文化”行为，未成年人对长辈进行网络“文化反哺”成为当代未成年人网络运用的典型景观。调查显示，54.8%的未成年人家长有时会向子女请教上网操作问题；21%的未成年人家长经常向子女请教上网操作问题（见图 16）。

（十）健康关注：视力和身体状况最受家长关注，父母比孩子自身更担心

调查发现，视力减退和身体素质下降等上网带来的最直观的影响始终是父母对未成年人网络运用担心的焦点，且随着网络在未成年人中普及程度的提升，家长对子女健康状况的关注和担忧也不断提升。值得注意的是，尽管未成年人对上网给健康状况带

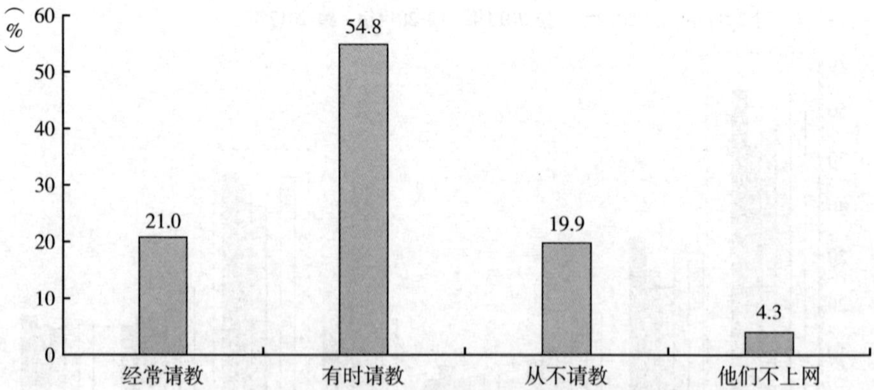

图 16　未成年人家长向子女请教上网操作问题频率

来的不良影响的关注也逐渐提高，但父母对于子女健康状况的担心始终远高于未成年人自身（见图 17）。

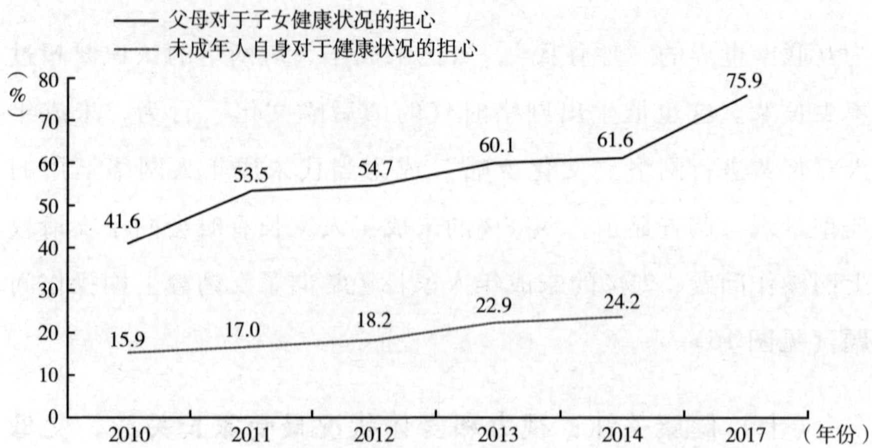

图 17　未成年人及家长对上网副作用的认知变化

（十一）感情因素：与父母的感情状况影响未成年人的上网行为

互联网在未成年人的生活中占据重要地位，也成为他们情感寄托的重要方式之一，特别是对亲子关系不佳的未成年人来说，网络往往会成为他们摆脱现实，发泄自己情感的重要渠道。调查显示，与父母感情不好的未成年人用自己手机上网的比例更高；与父母感情好的未成年人用家人手机上网的比例明显高于与父母感情不好的未成年人；与父母感情好的未成年人选择在家里上网更多，与父母感情不好的未成年人选择在学校等场所上网更多（见图 18）。

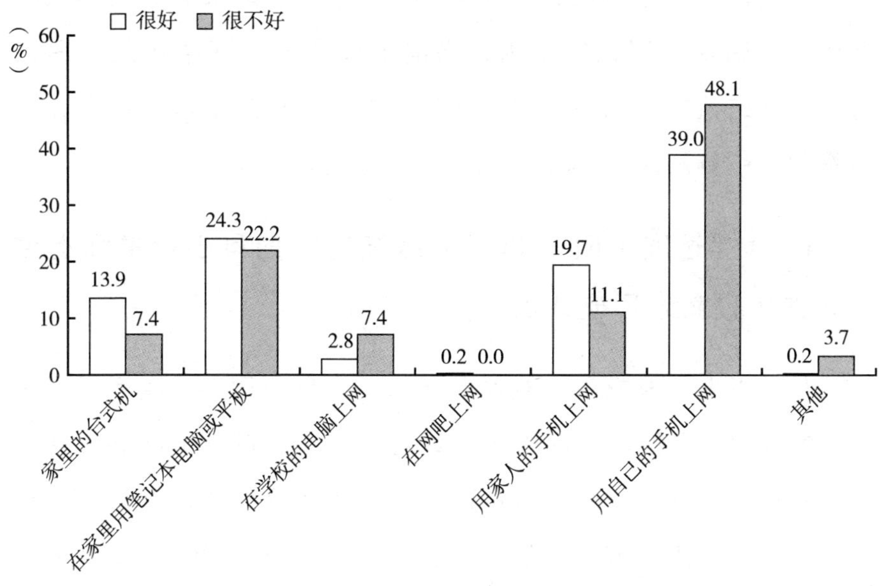

图 18　2017 年未成年人与父母的感情状况和上网方式对比分析

（十二）网络文化：青少年网络流行文化的新发展和新特征

青少年网络流行文化有以下几点新发展：消费主义凸显（打赏、礼物）；内容多元化与分众社群化（港台、日韩、欧美，粉丝）；流行性与开放性；追求个性化表达；追求交往过程平权化。青少年网络流行文化整体具有开放性、互动性、个性化、娱乐化的文化新特征，但也存在封闭性与隐匿性（ACGN）、与外界沟通消极化倾向（圈地自萌）、内容监管滞后（软色情）等问题。

三　未成年人网络运用表现出的问题

未成年人的网络运用呈现出自身的特点，但也存在着一定的问题。通过十五年的调查、观测和研究，“中国未成年人互联网运用状况调查”课题组认为，当前未成年人的网络运用在网络行为、网络认知、网络素养、教育引导、规制保护等方面存在着诸多问题亟待解决。具体表现在以下方面。

（一）“过度上网”和“网络沉迷”的科学标准和有效干预的手段尚未形成共识

长期以来，未成年人对互联网的不合理使用、过度运用乃至沉迷始终是热点话题。尽管当前针对未成年人过度上网和沉迷网络已经有了广泛的研究，但对这一问题的评价标准及有效的干预和引导的手段暂时还难以在全社会形成共识。应该注意到，应对和纠正过度上网、网络沉迷等不合理的网络运用行为不能“头痛医头，脚痛医脚”，这也不仅是未成年人自身的责任。因此如何通过未成年人、家庭、学校、社会等各个主体，在思维、文化、行为、规则以及体制机制上共同努力，探索改善未成年人不合理网络运用习惯的方法是当前和未来一段时间未成年人网络运用研究的重要课题。

（二）网络不良流行文化对未成年人价值观产生不良影响

未成年人深入沉浸在网络文化之中，呈现出兴趣广泛、参与形式多元的特点。各类网络亚文化及相关文化产品也成为未成年人表达个性、收获认同、交流情感的重要方式。但网络文化同样是一把双刃剑，一些与未成年人身心发展不相适应，甚至不良网络文化对未成年人价值观产生的深远影响值得长期关注。一方面，青少年网络文化与市场经济的意识形态结合，由此带来的消费主义、享乐主义等问题十分突出，而沉浸其中的未成年人在粉丝经济、饭圈文化、网络周边产品等方面的关注和消费行为在让他们获得身心愉悦的同时也存在着盲目追星、高额消费等问题。而另一方面，以祖安文化、“蓝鲸”游戏等为代表的网络不良文化和一些以“卖丑”“博出位”“爆粗口”为卖点的“网红”及网络流行语等给未成年人身心发展带来的严重不良影响更值得人们注意和警惕。

（三）触网低龄化，童年的消逝，未成年人持续受到网上不良信息影响

随着未成年人网络普及率的不断提高和上网低龄化趋势的日益显著，当前，互联网已经成为未成年人接触和了解世界的重要渠道。在不断更新迭代的媒介技术的推动下，未成年人的兴趣结构、思维方式同样发生着深刻的变化。特别对身心发育尚未完全，世界观、人生观、价值观构建尚不完善的未成年人来说，网络展现的信息真假难辨，光怪陆离的世界在为他们带来快乐的同时，也可能对他们造成危害，尤其是层出不穷的各类网络不良信息更可能对未成年人造成深远的不良影响。尼尔·波兹曼认为，电子媒介让儿童过早进入了成年人的世界，消解了本属于他们的纯真，造成了“童年的消逝”。对互联网世界来说，资讯爆炸、真假共存

的信息环境以及大量的不良信息和行为对未成年人的身心健康和成长造成了巨大的挑战。应对这些挑战则需要未成年人、家长、学校、监管部门以及相关社会组织在诸多方面共同采取措施，但从十五年来的调查数据来看，尽管我们已经采取了大量的措施，网络环境也得到了极大的改善，但要真正解决这些问题，依旧任重道远。

（四）网络素养教育的有效性和针对性有待提高

未成年人的网络素养发展状况和网络素养教育始终是“中国未成年人互联网运用状况调查”和“青少年蓝皮书”关注的问题。总体来看，我国网络素养教育的起步较晚，但近年来社会各界对未成年人网络素养及其教育的关注度持续提高，加上未成年人自身对网络的认识和运用能力不断增强，当前我国未成年人的网络素养水平已经有了显著的进步。当然，未成年人的网络素养教育作为一个系统工作，单靠未成年人自发自觉地学习和理解还远远不够，同样需要学校、家庭和社会各部门的共同支持。在这之中，学校教育是未成年人网络素养教育的主渠道，当前不少学校都开设了网络素养教育课程，很多学校也在课堂形式、教材内容、实践环节和检验标准上做出了大量探索。但学校网络素养教育在课程普及率、教学水平以及对网络发展水平的适应程度上仍有较大提升空间。家庭作为未成年人最主要的上网场所，承担着未成年人网络素养提升的重要责任，不过目前我国家庭网络素养教育仍较为薄弱，青少年网络素养的知识推广存在难度，家长往往得不到相关知识的普及。作为宏观政策的制定者和社会公共资源的主要配置者，政府和相关社会部门在未成年人网络素养教育中发挥着重要的作用。当前政府和相关社会部门制定的各项为提高网络素质的政策建议已经为未成年人网络素养的提升起到了一定的作用，但政府出台的关于提升青少年网络素质教育的各项政策和措施仍处于推广和普及阶段，目前尚存在青少年网络素养水平衡量的测评体系缺失、相关政策和保障监管机制不完善的问题。

（五）“后喻文化”构成网络运用日常场景，家庭网络素养教育任重道远

以未成年人向长辈“技术反哺”网络知识和技术为代表的“后喻文化”景观，已成为当前未成年人家庭网络运用的重要场景。“后喻文化”对未成年人及其家庭成员网络素养的变化和发展趋势的影响值得人们深入关注。一方面，“后喻文化”景观的出现，凸显出家庭网络素养教育的必要性，昭示了网络素养的教育和提升绝不是未成年人自己的事情，而是与全社会的网络素养发展水平密切相关。另一方面，在关注“后喻文化”的同时，也要注意人的正确思想不可能从天而降，必要的正向社会化，仍然是“后喻文化”繁茂发展、青年一代健康成长的必要前提[①]。因此，要正视“后喻文化”现象。培育家庭共同学习和提升网络素养的和谐氛围，需要在家长对未成年人网络行为的充分认识、积极学习、正确引导以及未成年人对和谐、健康的家庭氛围的正确认识的基础上才能实现。要实现这一目标，不仅是未成年人网络运用和网络素养提升这一领域需要思考的问题，而且是全社会需要共同思考和探索的问题。

---

① 张静：《“后喻文化”也需要引领》，光明网，https：//wenyi.gmw.cn/2020－05/07/content_ 33809718.htm。

（六）家庭和学校对于未成年人网络运用的科学认知仍待提高和完善

家庭和学校，是未成年人生活中最重要的两个场所，也是他们完成网络运用的主要场所。因此，家庭和学校的成员对未成年人网络运用的认知和态度也直接影响了未成年人网络运用的行为特征、效果和他们的网络素养。而通过十五年来的调查与研究，我们发现，当前家庭和学校对未成年人网络运用状况的认知仍待提高和完善。在家庭方面，家长对未成年人网络运用状况始终高度关注，但他们最关心的问题始终集中在视力减退、身体素质下降以及网络沉迷等直接显现出来的问题，对互联网给未成年人心理发展、价值观形成以及文化选择和网络产品消费意愿带来的影响等深层次问题的认知和考虑相对有限。同时，家长与未成年人交流互联网使用技术、共同参与网络活动、制定网络运用计划、家长合理引导和辅导未成年人使用网络开展学习和娱乐的比例也有待进一步提高。在学校方面，随着网络的不断普及，学校里开设的传统的计算机和信息技术课程对未成年人的网络运用带来的帮助逐渐降低，而适应新的网络发展状况、符合未成年人网络运用需求的专门的网络素养课程就显得十分必要。不过从全国的调查数据来看，中小学网络素养课程的开设比例仍处于较低水平，而在教材编制、授课形式等方面也有大量的问题需要解决。此外，疫情期间网络授课成为未成年人接受教育的重要途径之一，如何更好地发挥网络授课和其他各类在线教育的功能，充分调动和利用网络资源，确保未成年人在特殊条件下接受良好的教育，也是需要深入思考的问题。

（七）网络文化的发展让对未成年人网络行为的正确引导充满挑战

网络文化对青少年的语言、行为和职业追求等方面均产生一定影响，他们的网络文化产品消费呈现出个性化、趣味化、小众化的特点，青少年以兴趣为纽带在社交平台上聚集成兴趣团体，形成了兴趣朋友圈，共同的兴趣爱好催生出色彩多元的亚文化景观，多种不同爱好并行不悖，而商业机构的介入和推广，又为他们的文化消费带来商业色彩。在多种因素的共同作用下，推动网络文化的良性发展，引导未成年人安全、合理地运用网络和消费网络文化产品也成为一项颇具挑战的课题。当前，网络文化环境开放多元，各类不同类型的文化产品和观念对未成年人造成了深远广泛的影响。未成年人从网络汲取快乐、丰富见闻、收获认同的同时，也面临着消费主义、不良价值观、不良信息以及网络暴力等问题的威胁，互联网开放、多元、变化迅速的特点又让应对和治理这些问题变得困难重重。近年来，以“清朗”行动为代表的一系列网络环境治理行动对净化网络环境、保障未成年人网络运用安全起到了重要的作用。但如何在专项行动成果的基础上，在常态化管理中更好地推动网络环境建设、保障未成年人用网安全，以及在加强监管的同时，未成年人、家庭、学校以及其他相关部门如何提升对网络的认识、做好自我保护，自觉、自主地为净化网络环境、正确运用互联网做出自己的贡献仍是将来相当长一段时间里每一个网络世界的参与者和贡献者需要思考和行动的问题。

（八）未成年人网络安全问题突出，保护规制体系缺失

青少年网络安全主要存在不良信息充斥、沉迷网络导致成瘾、隐私泄露隐患、网络霸凌伤害青少年身心，以及网络诈骗频发等问题。解决这些问题，除了需要通过提升网络运用主体的网络素养，增强自我保护意识外，更需要建立健全网络保护规制体系，从刚性角度为未成年人树立网络安全“防火墙”。但当前我国保护未成年人网络运用的法律法规还有待进一步健全。当前我国尚没有保护未成年人网络活动的单项法律法规，既有的适用于未成年人网络保护的法规和文件散落在各部门的法规、规章和规范性文件中，具有零散穿插、政出多门、层次效力不同的特点。在最新修订的《中华人民共和国未成年人保护法》中设立了“网络保护”专章，从宏观层面明确了保护未成年人网络运用权利、提升未成年人网络素养的目标，并通过明确“最有利于未成年人”原则和“国家亲权”责任，为维护和保障未成年人网络运用的安全划定了红线、设定了底线。在未来，要以《中华人民共和国未成年人保护法》及其他相关法律法规为基础，不断完善保护未成年人网络运用的规制体系。要通过充分的调查研究和梳理整合，构建适应我国网络发展状况和未成年人身心特点的网络保护规制体系，为未成年人安全、健康地运用网络提供充分的法律武器和制度支持。

四　成果与经验

十五年来，历经十次全国调查和大量专题调查，建立在扎实的

数据基础上的"中国未成年人互联网运用状况调查"和"青少年蓝皮书"取得了丰硕的成果，不仅形成了一批具有影响力和指导意义的学术成果，在调查研究、皮书研创、成果展示以及学术团队建设等方面也取得了丰富的经验，具体包括以下几方面。

（一）研究成果与社会影响

在研究成果方面，除了前文所述的7部、累计超过70万字的《中国未成年人互联网运用状况研究报告》和7部、累计超过200万字的"青少年蓝皮书"之外，调查团队基于历年调查形成的海量数据，还完成了大量的学术论文，总结和揭示了当前中国未成年人互联网运用的特征和规律，得到学术界、教育界以及互联网从业者和管理部门的广泛认同。

在社会影响方面，"中国未成年人互联网运用状况调查"和"青少年蓝皮书"以未成年人网络运用状况为基础，结合社会发展的诸多要素，为中国互联网建设和发展、青少年网络素养与网络保护等诸多领域提出了具有建设性且切实可行的建议，收获了良好的社会效果。此外，调查研究成果多次获得中央领导同志和相关部委的重要批示和重视，其中《2010年未成年人互联网及手机运用的主要情况及建议》荣获中宣部2011年度"好信息"奖；2010年4月中央领导同志在中宣部舆情参阅《我国中学生运用互联网状况调查》一文上批示"此调查报告所提建议很好。要推动建设几个在未成年人中有广泛影响、知名度较高的专属实名制网站……"，直接推动了团中央未成年人专属网站"未来网"的建成，此举具有重大意义。该文在2012年1月26日获得李长春、刘云山等领导的重要批示肯定。

（二）开展调查研究的主要经验

根据多年的调查和研究，“中国未成年人互联网运用状况调查”和“青少年蓝皮书”课题组在调查研究、皮书研创等方面总结了以下经验。

第一，坚持问题导向，长期关注中国未成年人互联网运用的现实问题，在长期积累的科学数据的基础上，分析和解释现实问题。明确的问题意识始终是开展调查研究的重点，特别对未成年人网络运用状况这一课题，只有在明确的问题意识的基础上，基于长期的观察和分析，才能较好地总结出未成年人网络运用的特点和规律。

第二，在保持调查问卷基本框架稳定的前提下，根据互联网发展和未成年人用网实际逐年修订研究方案和调查问卷，保持对前沿和现实问题的持续跟进和追踪。互联网的发展瞬息万变，未成年人的成长也十分迅速，这就要求相关研究必须紧密把握趋势，根据现实情况不断调整研究的细节，以此保证调查研究准确且具有现实意义。

第三，坚持科学方法的基本原则，不断探索完善符合实际的抽样方法和调查方案。十五年来，“中国未成年人互联网运用状况调查”不断优化和调整调查方案，保证了调查的准确性和科学性，为后续的研究奠定了坚实的基础。

第四，建立机制，共享资源，保持调查执行团队的稳定和长期合作。

第五，坚持开放态度，不断吸收青年学者加入，加强“青少年蓝皮书”研创团队的建设。

五　针对未成年人网络运用保护及其调查研究的建议

（一）宏观层面：强化基础、构建机制、加强合作，共同承担构建网络强国责任

1. 加强基础研究

从培养“强国一代”的战略定位出发，拓展研究视角和研究视野，加强对未成年人互联网运用的基础研究。未成年人是互联网运用的主体之一，互联网的运用是一把“双刃剑”，有积极影响的同时，也产生负面影响。而未成年人的成长具有基础性、阶段性、可塑性，随着未成年人互联网运用的不断普及，网络空间的各种问题对未成年人的影响可能会大于同时代的成年人。因此，推动未成年人互联网运用的保护规制体系研究和建设工作，是日益迫切和重要的。

2. 构建互联网法律规范体系

通过互联网机制、互联网素养、互联网法规等的体系化建设，立足长远，着眼现实，统筹建立完善中国特色未成年人互联网运用保护规制体系。长远来看，未成年人互联网运用保护规制体系化、多元化是发展趋势。立法机构、政府、行业组织以及教育机构、家庭都应各尽其责，共同建立包括法律规则、行政规制、行业组织自律、市场主体自我规制以及学校教育、家庭教育在内的全方位、多元化、协作式规制体系。其中，互联网素养培养是关键，应积极提高未成年人的数字化参与水平和运用技能。互联网法律是重点，对于未成年人互联网运用保护进行综合治

理，完善相关法律法规制度的建设。

3. 社会各界协同合作：明确权责，建立多部门协作联动机制，更好地促进未成年人健康地运用互联网

明确权责，建立多部门协作联动机制，通过提升在线学习、协同创新、新技术竞赛、互帮互助等方面的质量，更好地促进未成年人健康地运用互联网。在未成年人互联网的保护规制上，避免出现“九龙治水”的局面，要建立协调统筹的协作机制，明确牵头部门和协作部门的职责，在未成年人互联网保护上形成机制、形成合力。积极倡导新型互联网学习和应用范式，比如，提倡在线学习，可提升未成年人学习的主动性，并使在线学习交流成为未成年人拓展社交的新途径；开展技术竞赛，未成年人可在创新、思考中实现知识建构。

（二）中观层面：在体制机制、素养教育和网络文化引导方面全面完善，充分发挥各环节功能

1. 建立健全法律法规，强化平台社会责任，强化技术手段，建立有效的未成年人网络保护机制

与未成年人互联网运用相关的法律法规，是未成年人安全正确地使用互联网的制度性保障。除了《中华人民共和国未成年人保护法》，我国对未成年人网络运用保护的法律规制大多散见于各类法律条款和规范性法律文件中。相关政府部门应从实际情况出发，充分听取相关专家、法律部门、未成年人及父母的意见，出台符合社会发展、中国未成年人发展需求的具有普适性和可操作性的法律条文。这些相关的法律法规应是一套权责明确、监督有效、奖惩有力的制度体系。首先，权责需要明确到个人、

单位、社会组织，由点到面，由责任人到责任相关团体（平台、公司、学校、行业协会、监管部门）再到社会各攸关方，逐渐扩散，形成全方位、多层次、零遗漏的全覆盖式规范监管。其次，形成全面有效的监督机制。对给未成年人提供服务的互联网运营平台实施实时可控的监督。在互联网内容建设方面制定严格规范，严查互联网图片、视频、音频、文字等方面的不良信息。严格审查未成年人网络服务场所的运营许可、运营环境的合规性与安全性，着力建设未成年人安全健康使用互联网的全时空环境。通过完善法律法规、健全治理机制和加大惩处力度，对侵害和破坏未成年人互联网运用秩序的网站、平台、公司、机构等，依法严格取缔并追究其责任。加强未成年人互联网保护的社会宣传，提高全社会依法保护未成年人互联网运用的意识。

2. 推进公共网络素养教育和研究，推动家长（监护人）、老师和社会各方的有效参与，提升未成年人的网络素养

学校及相关教育、宣传、研究部门应着力推进全社会的公共网络素养教育和研究，以此作为提高未成年人网络素养的基础工作，不断地提升未成年人的网络素养。网络素养教育是涉及全民的系统工程。以往的研究和实践对于青少年的关注较多，但对于其他群体尤其是全社会的网络素养则关注较少。网络空间的高度交互渗透，使父母、家庭以及全社会的网络素养对未成年人的影响非常大，却易被忽视。网络素养培养的不平衡不仅存在于不同人群中，而且在不同地区之间同样存在。此外，网络素养教育更多重视知识和技能培训，文化和价值观层面的规范培育较为缺乏，忽视了互联网作为社会基础生产力在文化和价值观层面所产生的影响。因此，我们急需更具有创新性、更切合中国国情，不仅针对青少年群体，而且针对成年人的网络素养教育。应协调教育、宣传、研究等相关组织、机构、部门加强合作，形成关注、关心网络素养的广泛共同体，推进新时代中国网络素养的探索、创新、培育与践行。

3. 推进互联网对未成年人价值观引导和塑造方面的深入研究和创新实践，引导和培育向上向好的未成年人网络文化

重视网络流行文化对于未成年人的影响，推进互联网对未成年人价值观引导和塑造方面的深入研究和创新实践，引导和培育向上向好的未成年人网络文化。网络流行文化是知识性、娱乐性、趣味性并存的新兴文化，它反映出当代个体生存和发展的内在需要。对于未成年人来说，网络流行文化既是自我表达、个性张扬的文化载体，又是与世界沟通的平台。因此，要适当有效地引导，注入有益的主流文化内容，使其在健康的轨道上发展。网络流行文化（网络亚文化）对未成年人价值观的影响显著。父母、教育者和社会各方应以更开放的心态来加以理解和包容，引导未成年人正确地认识和对待网络流行文化的利弊，充分吸收其有益的因素来促进未成年人健康成长，而不是简单地进行“禁”和“堵”。

（三）微观层面：在思想和行动上共同努力，营造良好的网络环境，有针对性地解决未成年人网络运用的具体问题

1. 保障在线知识学习，完善互联网的内容建设、平台建设和认证机制，提供更多的优质免费在线课堂、在线辅导等教育资源

学习是未成年人生活和成长中最重要的事情之一，互联网在线学习已经成为他们进行课业学习和课外学习的重要途径。针对

未成年人和父母的学习、教育和娱乐需要，应指导网络供应商根据市场规范为未成年人提供适合的娱乐节目、益智游戏、学习生活、社会交往内容。当前网络上娱乐和游戏资源非常丰富，而优质免费的学习资源非常有限，或者不被未成年人群体广泛知晓和认可。很多优质的在线课堂和在线辅导也常常是商业教育机构的投资，需要付费而且所付费用很高。免费优质的在线课堂和在线辅导对于教育资源的均衡、网络教育优势的发挥都非常重要。首先，应考虑到不同年龄段未成年人的需求，分阶段、分层次地给未成年人提供其喜闻乐见的互联网内容，以保障他们成长过程中每一阶段的身心健康。其次，应提供适合未成年人成长特点的游戏产品、搜索引擎、社交工具，提供更多的优质免费在线课堂、在线辅导等教育资源，以满足他们学习、生活的真实恰当需要。再次，应建立相应的认证机制，强化内容生产者的责任和标准意识，为未成年人营造健康安全的网络环境。对于网上知识内容进行严格的分类和权威的审核。对于公开免费的基础核心知识进行专业、严格的审读，实行标签认证制度，保证未成年人以及广大公众从网上获得科学、权威的知识。

2. 纠正认知偏差，发挥家庭、学校、共青团和少先队组织、社会教育机构和网络平台的引导作用

重点纠正父母、学校和社会对于未成年人互联网运用的认知偏差，发挥家庭、学校、共青团和少先队组织、社会教育机构和网络平台的引导作用，塑造未成年人向上向善的价值观和网络文化观念。未成年人互联网运用的一个主要方面是娱乐休闲，父母和教师的担忧主要集中于耽误学习、认识不良朋友、损害未成年人视力等方面。基于此，首先，学校应增加未成年人的线下交流和现实活动，使他们更多地感受丰富的社会互动并形成自我意识；其次，学校和有关网络平台应加强协作，合理划分线上线下的学习内容比例，尤其针对低龄未成年人应科学地适量规划课业任务，重点培养其形成良好的学习习惯；再次，定期开展未成年人网络运用与网络学习调查，探索指导未成年人互联网运用的科学规律，进行有效的监管与干预。而作为父母，应重点发挥身教和言传的作用，在家庭中培养未成年人互联网运用的良好习惯。父母应在家庭中减少手机使用时间和频率，增加与未成年人的相处、沟通与互动，掌握未成年人网络使用的行为偏好和认知偏差。父母还应不断提升互联网知识和技术水平，以有效指导未成年人的网络运用。阅读是未成年人获取知识的重要方式和途径。调查显示，随着网络小说、电子书与电子阅读媒介的兴起，网络阅读逐渐受到未成年人青睐。然而，网络读物的质量参差不齐，不良信息难以监控，不利于未成年人的身心健康发展。加强共青团少年儿童组织的引领作用，加强学校和公共图书馆的互动，通过著名作家报告会、畅销读物读书会、现场阅读报告会等线上线下多种形式活动，增加未成年人的参与分享交流，提高未成年人对图书馆的使用率，培养未成年人多读书、读好书的阅读习惯。

3. 控制不良信息传播，落实主体责任，建立监管平台，确保未成年人健康地运用互联网

落实相关主体责任，建立专业监管平台，加强控制不良信息的生产和传播，进行有效的指导和监管，以确保未成年人健康地运用互联网。要明确监管未成年人运用互联网的主体和机构，建立相应的监管平台，形成长效机制，定期提供数据和报告，加强对未成年人互联网运用情况的有效指导、服务和监管。应成立相应机构作为责任部门，并整合社会资源，将学校、家庭、网络产品供应商等多个社会主体纳入监管服务体系，明确各自的责任和义务，形成有效监管服务机制。特别是要加强控制不良信息的生产和传播。通过立法、执法等手段控制、惩治不良信息的生产，紧盯不良信息的发布源头，通过经济制裁对传播不良信息的行为进行处罚。建立严格的内容审核制度，设置举报制度，发动网民力量进行监督和举报，有效制止对不良信息的访问和传播。

4. 技术和非技术手段结合破解网络沉迷问题，加强技术研发和数字抚育，对网络游戏防沉迷系统的有效性进行评估，寻求更可行的多元解决方案

明确网络沉迷成瘾问题的原因机理，加强线上和线下活动的联动，用替代活动和技术手段相结合的方式进行社会纠治。完善线上时间限制、内容引导等青少年保护机制，在算法语言和内容推送方面做出改进，减少不良信息的侵扰和网络成瘾的诱因。发挥社会工作的作用，填补家庭、学校和其他方面的空白，就防治青少年网络沉迷成瘾开展工作。各方应在制度保障、队伍建设和工作开展方面给予社会工作更多的支持和保障，提升社会工作能力，有效参与青少年互联网运用保护。

生态文明视角下的国家康养产业政策和“十四五”时期中国康养产业的发展*

沈　山　何　莽**

摘　要：“十四五”时期，疫情防控多元化和区域分类化推动康养理念更加深入人心，“康养”成为全龄人群追求健康的一种生活方式与生活价值理念。同时，健康中国战略的持续推进，健康产业纳入国家统计分类，康养产业领域的发展必将呈现新态势和新格局。本文从“康养蓝皮书”调研实践、国家政策、市场需求等方面对“康养蓝皮书”研创情况进行分析总结，研析“十四五”时期康养产业的发展态势：康养产业成为国家实施乡村振兴战略的重要抓手之一；健康中国行动推动跨产业、跨行业的深度融合；智慧康养成为康养产业发展的基础设施（新基建）和标准配置；康

* 本文根据作者在第二十二次全国皮书年会平行论坛上的发言录音整理而成，已经本人审阅。

** 沈山，博士、教授，江苏师范大学人文社会科学研究院副院长，江苏省重点智库“一带一路”研究院副院长，《康养蓝皮书：中国康养产业发展报告》副主编，《淮海蓝皮书：淮海经济区发展研究报告》执行主编；何莽，博士生导师，中山大学旅游学院副院长，《康养蓝皮书：中国康养产业发展报告》主编。

养产业的需求迭代化和多元化趋势明显；企业和金融持续进入康养产业速度明显放缓，而且受到阻隔；打造健康生活目的地成为地方政府的发展战略目标；康养产业的人才保障列入政府工作日程。

关键词： 康养产业　生态文明　健康中国战略

一　“康养蓝皮书”的基本情况

（一）“康养蓝皮书”的编撰缘起

“康养蓝皮书”的编撰起源于2016年中组部、团中央第十六批博士服务团四川团到攀枝花市的调研工作。阳光之城攀枝花市是中国西部最驰名的康养城市。相比较于我国东部沿海地区的城市，西部城市最大的优势是自然景观和资源优势。攀枝花市作为曾经的“西部百里钢城”，如今面临着资源枯竭等一系列问题，正处在谋求转型的发展期，也就是说在生态文明建设的新发展阶段，建设“中国阳光康养产业试验区”成为城市发展的最新战略定位，同时，我国诸多西部地区城市有着优越的生态旅游资源和极具特色的康养资源条件，建设“生态康养旅游城市”成为西部地区城市的发展战略导向之一。因此，第十六批博士服务团四川团在调研中就讨论组建“康养蓝皮书”编委会的想法和方案，致力于传播康养产业的发展理论，总结国内外康养产业发展的优秀实践案例，为地方政府推动康养产业发展提供政策参考。组织编写“康养蓝皮书”是为了准确把握中国康养产业的发展趋势，将区域生态环境和资源优势转化为地方经济发展优势，全面践行习近平总书记的“绿水青山就是金山银山”理论和生态文明思想，并为各级政府和相关企业发展康养产业提供战略咨询和决策参考，这也与国家开展博士服务团工作的初心是一致的。

（二）“康养蓝皮书”的研创团队

自2017年以来，“康养蓝皮书”已经连续编撰出版5部，2022版“康养蓝皮书”也将于2022年12月前出版。“康养蓝皮书”的主编单位是中山大学旅游学院，协编单位是中国老龄协会老年人才信息中心、农业农村部规划设计研究院和江苏康养产业研究院；研创人员来自中组部、团中央博士服务团。目前，“康养蓝皮书”的学术核心团队以中山大学旅游学院康养产业和大数据团队为主，以中组部、团中央第16批博士服务团四川团为核心成员。

2017年编撰出版的首部“康养蓝皮书”，由时任中山大学旅游学院院长保继刚教授作序，保继刚指出：“《中国康养产业发展报告（2017）》以及将连续出版的康养蓝皮书系列，不仅可以为政府推动康养产业发展提供政策参考与支撑，也能为企业投资康养产业提供咨询信息，同时为业界和大众提供康养产业的学术解读”①。2018年的“康养蓝皮书”由外交部前部长李肇星作序，李肇星指出：“积极倡导践行习近平总书记关于‘努力挖掘人口老龄化给国家发展带来的活力和机遇’‘培育老龄产业新的增长点’的号召，协力构建康养产业可持续发展体系，致力于将各民族各地区的医疗设施、环境和资源优势转化为产业优

① 何莽主编《康养蓝皮书：中国康养产业发展报告（2017）》，社会科学文献出版社，2018。

势”[①]。2019年的“康养蓝皮书”由中组部前部长张全景作序，张全景指出：“办好中国的事情，关键在党，关键在人，这份报告是一群敢为人先的有志青年所汇集的实践与智慧。希望这个报告，能切切实实给一些地方以启发，贡献出更多‘绿水青山就是金山银山’的生动样本”[②]。2020年的“康养蓝皮书”由健康中国50人论坛名誉主席、全国政协前副主席张梅颖作序，张梅颖指出：“从国家经济社会发展的全局去擘画健康领域的问题，《康养蓝皮书》对此做了有益的探索并试图给出解答”[③]。

二 “康养蓝皮书”核心内容

（一）“康养蓝皮书”的主题内容

从表1可以看出，2017~2022年的“康养蓝皮书”的主题内容既有延续性，又有侧重点。2017年编撰出版的首部“康养蓝皮书”系统地建立了康养概念体系，将康养分为健康、养生和养老三个维度。健康维度致力增强人的生命自由度，养生维度关注人的全生命周期的心灵养护，以增强人的生命丰度，养老维度不仅致力于人的生命长度，更关注人的生命质量。2015年之前，“康养”的概念在全国尚未全面兴起，仅仅零星起议。但伴随着“康养蓝皮书”出版，“康养”的概念立刻成为全国各行业的“热词”。虽不能说“康养蓝皮书”引领了时代热潮，但也是应时代而生，伴

① 何莽主编《康养蓝皮书：中国康养产业发展报告（2018）》，社会科学文献出版社，2019。
② 何莽主编《康养蓝皮书：中国康养产业发展报告（2019）》，社会科学文献出版社，2020。
③ 何莽主编《康养蓝皮书：中国康养产业发展报告（2020）》，社会科学文献出版社，2021。

随着时代成长的。

2018 年编撰出版的“康养蓝皮书”从区域环境、资源禀赋和服务设施三个维度切入，剖析区域康养吸引物打造和区域康养可持续发展能力建设的核心要素。中山大学旅游学院组建的康养产业和大数据团队构建了 4 个康养数据库：一是国家和地方康养政策数据库，二是全国康养企业数据库，三是全国康养项目数据库，四是区域（城市）康养产业可持续发展能力评估的数据库。“康养蓝皮书”通过康养产业可持续发展能力体系的评估，推出全国康养 10 强市和 50 强县榜单，促进城市和县域康养产业发展，尤其是西部区域的康养产业发展，为国家生态文明建设做“类型”“可评价”的贡献。

2019 年编撰出版的“康养蓝皮书”确定了以康养资本为主题，采用网络和大数据与实地调研相结合的研究方法，通过分析康养产业的发展现状，挖掘康养产业的发展模式，以社会资本介入为切入点，分析康养行业的盈利性空间。同时，“康养蓝皮书”围绕“康养目的地”“康养小镇”的建设，“旅居养老”“森林康养”“康养农业”等产业模式，探讨康养产业发展的路径；通过对康养产业可持续发展能力体系的评估，推出全国康养 20 强市和 60 强县榜单，推动区域性的康养产业发展。

2020 年编撰出版的“康养蓝皮书”根据 2020 年国内新冠肺炎疫情的发展态势，系统调研了康养产业在特殊时期的发展情况，除康养旅游业受到的冲击较为严重外，其他康养领域呈现稳中有升的趋势。如今康养产业的新格局逐渐成形，出现以各区域康养资源为基础，康养旅居、康养运动、康养疗愈、康养研学等业态向资源依附的聚集现象。“康养蓝皮书”通过康养产业可持续发展能力体系的评估，推出全国康养20强市和100强县榜单；通过对近5年国家康养政策的数据解读，发现国家政策核心为大健康规划、土地供给、财政支持，落实到具体地方工作中就是“健康城市、健康村庄、健康社区、康养基地”的建设实践。

2021年编撰出版的“康养蓝皮书”全面关注康养企业和康养业态的发展。在疫情防控多态化和中度老龄化的双重压力下，部分行业龙头企业转向布局康养产业，结合固有领域业态形式推出各种新型康养产品。康养产业由以传统养老型为主的领域向养生、医疗、体育、旅游、文化等诸多业态多元延伸，逐渐形成一个整体的康养产业生态系统，康养产品种类逐渐丰富与多元。

表1　2017~2022年版“康养蓝皮书”年度主题一览

书　　名	主题
《中国康养产业发展报告(2017)》	康养产业组织与区域发展态势
《中国康养产业发展报告(2018)》	区域康养产业可持续发展力评价
《中国康养产业发展报告(2019)》	康养资本与康养市场
《中国康养产业发展报告(2020)》	特殊市场环境与国家康养政策
《中国康养产业发展报告(2021)》	康养企业与康养业态
《中国康养产业发展报告(2022)》	康养产业评估与标准化

（二）“康养蓝皮书”研创过程中的特殊贡献

“康养蓝皮书”在研创和编撰过程中对国家和地方政府的发展战略上有着特殊的贡献，表现在几个方面。

第一，康养产业在国家脱贫攻坚当中发挥着重要的作用。在2019年区域康养产业可持续发展能力评估遴选的60强县当中，有17个县属于刚刚脱贫摘帽的国家级贫困县，占比约为30%。这在一定程度上表明康养产业是环境优良、自然资源丰富的边远贫困地区脱贫的重要支撑，康养产业能实现巩固脱贫攻坚成果与全面乡村振兴的有效衔接。

第二，康养经济是一种生态红利，更是一种城市发展战略导向。从多年份区域康养产业可持续发展能力评估遴选的20强市的案例中可以发现，康养产业能够促进资源枯竭型城市，甚至部分重工业污染型城市实现成功转型。发展康养产业也是习近平总书记“两山”理论在区域和城市发展过程中的最佳实践。四川省攀枝花市就是一个典型。

第三，康养产业可以全面促进现代服务业的科技创新和转型升级。从资本投入的角度，产业发展要取决于资本投资和科技创新，康养产业作为一个“风口”产业，为资本的涌入找到切入口。目前，康养产业的边际不明晰，市场期望很好，但是实现盈利预期的把握度不强，因此要继续明确专业化的分工，实现康养产业集群式发展。通过对上市公司康养投资大数据分析，可得知目前市场对康养保险、康养基金、养老是最感兴趣的，但是各类企业投资养老机构仍未找到清晰的投资回报模式；越来越多的上市公司、基金公司涉足康养产业，但是康养产业尚不能给企业带来期待获取的利润。

第四，政府投资平台及国有资本对基建型、基地式康养项目表现出积极的投资兴趣。《“健康中国2030”规划纲要》以及健康中国战略提出了“健康城市”“健康社区”的建设目标，行业部分领域提出的“森林养生基地”“森林体验基地”以及地方政府提出的“康养试验区”“康养小镇”规划和试点建设为政府平台投资和国有资金投资指引了方向。

第五，康养市场的需求结构波动变化显著，业态集中与多元化的趋势同时展现。婴幼儿康养市场日趋成熟、稳定增长；青少年康养需求多元化，局部领域出现爆发式增长；老龄化引致康养市场下沉至乡村地区，城市康养日趋高端化。15~55 岁人群日益成为康养市场的消费者主力军。

第六，康养消费更加科学化。运动康养市场增长最为强劲，从康养资源开发的角度来看，森林康养发展态势良好且更趋于多元化，温泉康养稳定且尚待发现新的突破。随着疫情防控时代的来临，中医药康养迎来了契机。面对养老需求缺口与邻避效应增强的矛盾，社会更需积极地应对老龄化。

第七，西部地区康养产业以良好的生态环境和资源基础为依托，通过乡村旅游带的建设，促进区域内旅游产业和康养产业的融合发展与转型升级。西部地区新发展阶段，将以生态环境持续优化为导向，以完善医疗和养老设施建设为强支持，突破资本资源、人才资源和营商环境三大瓶颈，结合中国传统康养文化，形成具有地方特色的康养产业发展模式。

三　国家政策与“十四五”时期我国康养产业的发展态势

（一）国家政策背景

一是健康中国战略的持续推进。一方面，“十四五”时期，疫情防控从常态化走向多元化和区域分类化，加上中度老龄化的压力，健康中国战略的持续推进，共享健康的价值理念和创新机制促进康养产业的持续和加速发展；另一方面，在居家工作中，康养成为一种生活方式，人们对康养的认识更为全面，认为康养本身不仅仅是一种产业，更是一种健康生活的方式和价值理念。

二是将健康产业纳入国家统计分类。2019 年 3 月，国家统计局发布《健康产业统计分类（2019）》（国家统计局令第 27 号），对健康产业作了概念界定和科学分类，康养产业真正开始走向产业化。《健康产业统计分类（2019）》将健康产业分为医疗卫生服务，健康事务、健康环境管理和科研技术服务，健康人才教育和健康知识普及，健康保障与金融服务，智慧健康技术服务等 13 个大类，58 个中类。通过建立标准化的可度量的产业统计体系，促进康养产业全面走进政府工作议程。

三是人工智能和数字康养的迅速崛起。特别是在多元发展时代，随着科技的发展，网络服务和大数据产品服务逐渐成熟，基于数字管理下的健康产业数据采集、数据内容和康养服务产业开始崛起。

（二）“十四五”时期我国康养产业的发展态势

1. 康养产业在“十四五”时期面临的机遇

“十三五”时期，康养产业兴起的标志是康养地产的崛起，而如今康养地产行业的发展面临着极大的挑战，康养产业从地产向多元产业发散发展，在“十四五”期间发展到什么程度依然存在着不确定性。从“十四五”时期的市场机遇看，康养市场空间上的机遇重点在乡村振兴战略实施的主战场乡村，康养产业的主领域从老年康养领域向中青年领域全面延伸。在疫情时代，旅游出行受到了一定抑制，“十四五”时期，康养产业面临着“旅游+健康+产业”转型的机遇。但是，康养产业核心表现领域是“旅游+”，还是“健康+”，仍是未知。

2. 康养产业“十四五”时期的发展态势预期

第一，康养产业被赋予新的功能，成为国家实施乡村振兴战略的重要抓手之一。西部部分城市在将康养产业打造成地市发展的重要支柱产业的过程中，迎来新一轮的发展机遇，康养产业作为区域重要支柱产业，在政策、金融、土地、税收等多个方面，将得到更多的支持。第二，健康中国行动推动着跨产业、跨行业的深度融合。以深入推进健康中国战略实施为核心，跨产业、泛行业的政策支持，深度融合助力康养产业的发展。第三，智慧康养日益成为康养产业的基础设施（新基建）和标准配置。疫情防控时代，中医药康养和康养服务成为康养产业的核心领域之一。第四，康养产业的需求迭代化和多元化趋势明显。康养产业的快速发展催生了融合医疗、养护养老、中医养生、体育健身及“互联网+”等元素的新康养产品出现，其中，具有“健康+”元素的电子产品最受欢迎。第五，在疫情多元化时代，企业和金融持续进入康养产业速度明显放缓，而且受到阻隔。但是医疗健康类产品与康养产业周期长、收益稳定持续的特征不变，康旅产品通过资产证券化和 PPP 模式不断园区化、小镇化和城市化结合的态势不能得到稳定和快速发展。第六，在地方政府的“十四五”规划当中，打造健康生活目的地成为地方政府的发展战略目标。国家级康养产业试验区、国家康养旅游示范基地和康养城市，尚处于资源型与休闲体验型相结合的发展阶段。第七，城市康养产业的人才队伍建设列入政府工作日程。

四　结语

“十四五”时期，疫情防控从常态化走向多元化和区域分类化，康养理念更加深入人心，康养旅居成为全年龄段人群追求健康的时尚生活方式。但是由于疫情防控政策影响，被动的候鸟式旅游向主动式的全景康养升级的趋势受到阻隔，康养旅居的时尚生活方式也受到居家隔离生活的影响。此外，新冠肺炎疫情持续发展坚定了国家推动康养产业发展的信心，疫情加速了康养理念的传播，双循环经济下的康养产业发展更受关注。目前，我国康养产业呈现以健康运动、健康疗养、研学康养和旅居康养为代表的四大业态，康养业态向气候、森林、温泉、中医药和特色农业等康养资源依附和集聚。从态势上看，资源型康养占据着主流。随着资本的集聚和持续关照，新型康养会有更大发展。

"十四五"时期的城市发展和皮书研创*

徐卓顺　田振兴**

摘　要： 当前的城市发展是不平衡的，可能会对产业升级产生负向影响，对地区经济发展也可能带来一定的负面作用。要推动城市实现精明增长，需要考虑城市发展所需与城市空间、环境相适应的要求；科学构建城市化发展的新格局，提升中心城市的功能定位的同时，加快老、少、边、穷地区的城市化建设。同时，皮书在城市化发展中也具有重要的作用。皮书要统筹规划布局，起到对城市发展规划引导的作用；推动特色城市建设，地方发展类的皮书作者应明确当地城市的发展特色；皮书应该为区域创新发展保驾护航；皮书要坚持政策研究和学术研究并重，为决策咨询打下坚实的基础；构建政府职能部门与科研部门之间的合

---

* 本文根据作者在第二十二次全国皮书年会平行论坛上的发言录音整理而成，已经本人审阅。

** 徐卓顺，吉林省社会科学院软科学研究所副所长，研究员，博士，主要研究方向为产业经济学和数量经济学。田振兴，吉林省社会科学院软科学研究所助理研究员，主要研究方向为产业经济学和金融学。

作网络。

关键词： 城市化　产业升级　新型城市建设

20世纪90年代至今，中国的城市化率有着较快的增速，从1990年的26.4%增长到了2020年的63.9%，年均增速已经达到3%。发达国家的先进经验显示城市化率越高的地区，经济增速也越高，但在中国现实的发展过程中，一些地区的经济增速并不与城市化率显著正相关。例如，虽然北京、上海、天津等国际性大城市的城市化率较高，经济增速也较快，但在东北三省、内蒙古等省（区）的城市，虽然城市化率非常高，但是近几年的经济增速较慢，在近几年的城市排位中比较落后。因此，我们认为城市化率的变化会对经济增长的一些主要因素造成一些负向影响。为此，本文以产业升级为例，考察城市化率的变化对产业升级的影响。

一　城市化率对产业升级的影响模型

在城市发展过程当中，城市化进程是否对经济增长有一定的负向的作用，是需要思考的问题。本文以产业升级为例，考察了城市化率的变化对产业升级的影响。构建空间计量模型，外生变量用产业升级程度来表示，按照配第—克拉克定理，产业升级的主要特征是第三产业的占比越来越大，第三产业在经济中所发挥的作用越来越突出。第一产业占比相对较低，在经济发展当中的作用逐步减弱，所以本文构建了测度模型，通过权重赋值的方法，进行加权计算。Y_i表示的是第 i 产业在地区国民生产总值当中所占的比重，I 表示权重，即第一产业的权重为 1，第二产业的权重为 2，第三产业的权重为 3，由此将第三产业的作用突显出来。模型具体表示为：

$$R = \sum_{i=1}^{3} i \times Y_i 1 \leqslant R \leqslant 3 \quad (1)$$

其中，R 表示产业结构转型升级程度，R 的取值在 1~3 之间，若 R 值越接近于 1，说明产业发展的层次越低，若是 R 值越接近于 3，则说明产业发展的层级越高。按此方法计算得到的消费升级和产业结构转型升级程度见表 1。

从表 1 消费升级和产业结构转型升级结果可以看出，2005~2020 年，全国 30 个省（区、市）的产业结构调整年均增速达到了 0.48%，其中河南和山东的增速最快，分别达到了 0.76%和 0.74%，分别高出全国平均水平 0.28 和 0.26 个百分点，而内蒙古和陕西的增速相对较慢，仅有 0.28%和 0.24%，分别较全国平均水平低了 0.20 和 0.24 个百分点。截至 2020 年，东部地区的产业结构转型升级程度显著高于其他地区，东部地区 10 个省（市）中的北京、上海、天津、浙江、广东、江苏、山东 7 个地区的产业结构转型升级程度分列全国前 7 位。而西部地区 12 个省（区）中的陕西、内蒙古、新疆、云南、贵州、广西 6 个地区的产业结构转型升级程度分列全国后 10 位。可见，我国当前的产业结构转型升级水平呈现出明显的东高西低态势。

表 1　2005~2020 年全国 30 个省（区、市）消费升级和产业结构转型升级程度

区域	消费升级和产业结构转型升级程度					
	2005 年	2010 年	2012 年	2015 年	2017 年	2020 年
全国	2. 297	2. 349	2. 363	2. 424	2. 452	2. 468
北京	2. 709	2. 768	2. 782	2. 810	2. 823	2. 836
天津	2. 413	2. 484	2. 510	2. 557	2. 606	2. 629
河北	2. 223	2. 255	2. 274	2. 329	2. 379	2. 410
山西	2. 293	2. 285	2. 304	2. 436	2. 443	2. 458
内蒙古	2. 274	2. 315	2. 287	2. 341	2. 384	2. 371
辽宁	2. 290	2. 272	2. 293	2. 384	2. 441	2. 444
吉林	2. 193	2. 323	2. 342	2. 363	2. 434	2. 396
黑龙江	2. 158	2. 190	2. 152	2. 200	2. 233	2. 244
上海	2. 512	2. 572	2. 604	2. 678	2. 704	2. 729
江苏	2. 282	2. 355	2. 374	2. 421	2. 450	2. 481
浙江	2. 331	2. 387	2. 411	2. 445	2. 483	2. 524
安徽	2. 272	2. 276	2. 276	2. 346	2. 399	2. 430
福建	2. 270	2. 317	2. 317	2. 344	2. 388	2. 413
江西	2. 170	2. 214	2. 237	2. 297	2. 351	2. 394
山东	2. 204	2. 276	2. 316	2. 374	2. 419	2. 462
河南	2. 132	2. 187	2. 234	2. 299	2. 348	2. 389
湖北	2. 243	2. 271	2. 270	2. 348	2. 388	2. 418
湖南	2. 271	2. 282	2. 290	2. 364	2. 425	2. 416
广东	2. 370	2. 405	2. 425	2. 461	2. 501	2. 522
广西	2. 163	2. 211	2. 225	2. 289	2. 331	2. 358
海南	2. 085	2. 222	2. 242	2. 316	2. 350	2. 399
重庆	2. 284	2. 390	2. 390	2. 418	2. 451	2. 456
四川	2. 198	2. 242	2. 268	2. 324	2. 391	2. 410
贵州	2. 215	2. 330	2. 341	2. 306	2. 336	2. 367
云南	2. 234	2. 296	2. 303	2. 355	2. 405	2. 369
陕西	2. 307	2. 293	2. 276	2. 337	2. 367	2. 393
甘肃	2. 259	2. 276	2. 319	2. 394	2. 423	2. 418
青海	2. 367	2. 380	2. 366	2. 414	2. 411	2. 397
宁夏	2. 311	2. 341	2. 357	2. 383	2. 404	2. 417
新疆	2. 168	2. 164	2. 226	2. 327	2. 355	2. 369

注：西藏的部分数据缺失无法计算，故未在表中列出。

数据来源：国家统计局网站、各省统计年鉴、中国人口和就业统计年鉴。

将W_{ij}定义为空间权重矩阵，之所以定义空间权重矩阵是考虑到区域的产业升级存在一定的地理关联性，即一个地区的产业升级不仅仅对自己本地区产生较大的影响，也会带动周边城市的产业发展。在模型中用距离空间权重矩阵来表示，即主对角线都是0，其他元素采用I地区和J地区的地理坐标距离的倒数来表示，空间权重可以用临近关系连接的空间权重或经济空间权重表示，如果城市是相连接的就定位成1，如果是不连接的城市，就定位为0，这就是连接空间权重的定义。如果用经济空间权重表述，经济发展比较相似的城市之间就用空间权重表示，采用地理空间距离权重的定义，Con_{it}代表消费升级的程度，即消费规模和消费结构。用七大类型人均消费总支出作为消费规模指标，用四大类型的人均消费支出占人均消费总支出的比重作为消费结构指标，通过熵值法计算了规模和结构的权重，再用加权法计算消费升级的指数。X_{it}代表控制变量，分别选择政府干预程度（*gov*）、经济发展水平（*pergdp*）、城镇化率（*urb*）、人力资本投入（*hum*）和对外开放度（*open*）予以表示，其中 *urb* 表示的是控制变量城市化率，即最终城市人口占总人口的比重。具体公式如下。

$$IND_{it} = \alpha \sum_{j=1}^{N} W_{ij} \times IND_{it} + \beta Con_{it} + \gamma \sum_{j=1}^{N} (W_{ij} \times Con_{ij}) + \sum_{j=1}^{N} \theta_j X_{it} + \mu_{it} + \varepsilon_{it} \tag{2}$$

其中，i代表省（区、市），t代表年份。

二　模型样本的选择和模型结果

模型样本区间选择了2005~2020年全国30个省（区、

市）的数据，因为西藏的部分数据缺失无法计算，所以没有使用西藏作为样本（见表1）。从表2可以看出，产业升级（*IND*）的均值为2.3579，标准差为0.1306，最小值为2.0851，中位数为2.3415，最大值为2.8357，此外，城市化率和其他控制变量在各省（区、市）间也存在较大差异。表明这30个样本的标准差有较大的差距，即30个省（区、市）之间存在较大的差异性（见表2）。所以模型使用最大似然估计方法对样本进行了回归分析，回归结果中的*URB*代表城市化率，城市化率对产业升级的影响是负向的，即城市化率每变化1%，会造成产业升级0.5619%的负向的增长（见表3）。为了考察城市化率是否对产业升级有持续的负向影响，利用模型在三个不同样本区间中进行回归分析，分析了1990~2000年、1990~2005年、1990~2020年的数据。1990~2000年城市化率对产业升级有正向的推动作用，但作用较小。时间拉长到2005年，城市化率对产业升级的作用就变为负向，但负向推动作用较小。由此得出城市化率的持续快速发展会对产业升级有一定的负向作用（见表4）。

表2　主要变量的描述性统计结果

变量	观测值个数	均值	标准差	最小值	中位数	最大值
IND	480	2.3579	0.1306	2.0851	2.3415	2.8357
Con	480	9793.34	5205.95	2210.79	9095.64	29248.55
gov	480	0.2384	0.1087	0.0919	0.2195	0.7583
pergdp	480	42503	28025.4	5218	36524.5	164889
urb	480	0.5474	0.1396	0.2686	0.5321	0.9750
hum	480	0.1700	0.0281	0.0989	0.1720	0.2513
open	480	0.1586	0.1761	0.0041	0.0777	0.9272

表 3　城市化率与产业升级的空间计量估计结果

变量	被解释变量 *IND*	变量	被解释变量 *IND*
Con	0.1682* (2.107)	α	0.2454* (2.139)
gov	0.1613 (1.680)	γ	0.3346** (2.996)
pergdp	0.1650* (2.502)	*Hausman*	0.036
		Wald 检验	0.001
urb	-0.5619* (-2.250)	*Lratio* 检验	0.021
		R^2	0.902
hum	-1.2831* (-2.205)	*Ln-L*	137.093
open	0.4422** (3.180)		

表 4　不同样本区间下城市化率对产业升级影响

变量	1990~2000 年数据	1990~2005 年数据	1990~2020 年数据
Con	0.1048 (1.888)	0.1976 (2.030)	0.1682* (2.107)
gov	0.1292 (1.601)	0.2324 (1.532)	0.1613 (1.680)
pergdp	0.0277** (3.480)	0.0208** (2.971)	0.1650* (2.502)
urb	0.0963* (2.250)	-0.1370 (-0.506)	-0.5619* (-2.250)
hum	0.0044 (1.072)	-0.4045 (-0.967)	-1.2831* (-2.205)
open	0.3324 (1.513)	0.3208 (1.321)	0.4422** (3.180)
α	0.0889 (0.923)	0.0807 (0.723)	0.2454* (2.139)
γ	0.1929 (0.375)	0.0014 (0.038)	0.3346** (2.996)
Hausman	0.048	0.051	0.036

续表

变量	1990~2000 年数据	1990~2005 年数据	1990~2020 年数据
Wald 检验	0.061	0.096	0.001
Lratio 检验	0.031	0.056	0.021
R^2	0.8219	0.7961	0.902
Ln-L	113.003	111.093	137.093

城市化是人口、资源聚集下的产物，在城市发展初期，城市的产业结构是有所优化和调整的，但在城市化快速推进的进程中，资源和要素都过度集中于少数的大城市，少数大城市又因为产业高度集中，导致城市规模加速扩张，造成了环境污染、交通堵塞、房价抬高等诸多“城市病”，而中小城市因为城市基础设施、公共服务发展滞后，导致产业发展受损，产业支撑不足，就业和收入水平也会受到相应的影响，进一步影响了地区产业和经济的发展。近年来我国三百万人口以上的大城市，城区人口增速达到15%，远高于全国城市人口平均增速，可以看出当前的城市化发展是不平衡的。因此，当前的城市化发展可能会对产业升级产生负向影响，也可能给地区经济发展带来负面的作用。

三　推动城市发展的相关建议

第一，要推动城市实现精明增长，需要考虑城市发展所需与城市空间、环境相适应的要求。实现精明增长就要改变城市盲目扩大的传统发展理念，在有效利用有限城市空间的前提下，促使城市持续健康的发展。

第二，提高城市群和城镇发展的质量，根据各地区的发展水平，东部地区可以考虑建设世界级的城市群，中部地区考虑建立国家级的城市群，西部地区和东北地区考虑建立区域级的城市群。但是在城市群建设的过程中，要合理规划，统一部署，不应某一个城市独自盲目扩大和扩张，而是要实现区域一体化的发展，明确各城市的发展功能和定位，提高城市的发展质量。

第三，要科学构建城市化发展的新格局，提升中心城市功能定位的同时，加快老、少、边、穷地区的城市化建设。中心城市要加快转型升级，向数字化、智能化方向发展，老、少、边、穷地区考虑城市自身发展需求时，要在保证自身城市基础设施建设完善的同时，进行扩大和发展。

第四，要实现城乡融合发展，加快农业农村现代化建设的进程，加强农村第一、第二、第三产业的融合发展，推动农村土地流转，促进城乡要素融合发展，从而实现新型城市化和乡村振兴的联动发展。

四　皮书在城市发展中的引导作用

第一，皮书应统筹规划布局，起到对城市发展规划引导的作用，皮书研创团队需要对城市发展的政策规划提前分析、提前预判，提前进行模拟分析。

第二，推动特色城市建设，不能一味发展大城市，更要打造具有地方特色的城市，地方发展类的皮书作者应明确当地城市的发展特色，减少城市发展的一致性、雷同性，增加城市发展的异质性。

第三，皮书应该为区域创新发展保驾护航。随着科技创新、信息化的快速发展，城市也应探索创新发展。皮书在研究城市发展过程当中，要着重考虑科技创新在城市发展过程中的作用。

第四，皮书要坚持政策研究和学术研究并重，皮书作者要坚信政策研究是学术研究的目标，学术研究不能只是空洞地谈论理论方法和研究本身，而是要为决策咨询打下坚实的基础。皮书作者可以在政策执行之前，利用学术研究的方法进行相应的模拟分析，减少政策实施的成本，以便政策实施获得更好的效果。

第五，构建政府职能部门与科研部门之间的合作网络。吸取发达城市发展的优秀经验，为落后城市提供借鉴。政府职能部门和科研机构要建立良好、长效的合作机制。政府职能部门为城市发展指出方向，科研机构为城市发展提供研究力量，如此才能共同推动城市的健康快速发展。

参考文献

黄亚捷：《城镇化水平对产业结构调整影响研究》，《广东社会科学》2015 年第 6 期。

李逢春：《对外直接投资的母国产业结构转型升级效应——来自中国省际面板的实证研究》，《国际贸易问题》2012 年第 6 期。

蓝庆新、陈超凡：《新型城镇化推动产业结构升级了吗？——基于中国省级面板数据的空间计量研究》，《财经研究》2013 年第 12 期。

林春艳、孔凡超：《中国产业结构高度化的空间关联效应分析——基于社会网络分析方法》，《经济学家》2016 年第 11 期。

连玉君、王闻达、叶汝财：《Hausman 检验统计量有效性的 Monte Carlo 模拟分析》，《数理统计与管理》2014 年第 5 期。

刘瀑：《中国经济增长、产业发展与劳动就业的耦合机理分析——基于 VAR 模型的动态实证分析》，《经济问题》2010 年第 4 期。

唐代盛、冯慧超：《人力资本与产业结构耦合关系及其收入效应研究》，《当代经济管理》2019 年第 11 期。

王玉：《中国数字经济对产业结构升级影响研究——基于空间计量模型》，《技术经济与管理研究》2021 年第 8 期。

魏后凯：《以提高质量为导向》，《人民日报》2019 年 4 月 19 日，https：//wap. peopleapp. com/article/4074815/3932307。

〔荷兰〕J. 保罗 · 埃尔霍斯特：《空间计量经济学：从横截面数据到空间面板》，肖光恩译，中国人民大学出版社，2015。

MORAN P A P, “Notes on Continuous Stochastic Phenomena,” *Biometrika*, Vol. 37, No. 2, 1950, pp. 17-23.

Gittleman, John L. , Mark Kot, “Adaptation: Statistics and A Null Model for Estimating Phylogenetic Effects,” *Systematic Zoology*, Vol. 39, No. 3, 1990, pp. 227-241.

J. Durbin, “Estimation of Parameters in Time-Series Regression Models,” *Journal of the Royal Statistical Society: Series B (Methodological)*, Vol. 22, No. 1, 1960, pp. 139-153.

附录

附录1 第十二届“优秀皮书奖”获奖名单

一等奖

序号	内容分类	丛书名	书名	主编	研创单位
1	宏观经济类	经济蓝皮书	《2020年中国经济形势分析与预测》	谢伏瞻	中国社会科学院中国宏观经济研究中心
2	区域与城市经济类	京津冀蓝皮书	《京津冀发展报告(2020)》	叶堂林等	首都经济贸易大学
3	地方发展-经济类	甘肃蓝皮书	《甘肃县域和农村发展报告(2020)》	陈波、朱智文、王建兵	甘肃省社会科学院、甘肃省统计局
4	地方发展-经济类	广州蓝皮书	《广州创新型城市发展报告(2020)》	许鹏	广州市社会科学院
5	产业经济类	产业蓝皮书	《中国产业竞争力报告(2020)No.9》	张其仔	中国社会科学院工业经济研究所
6	产业经济类	新能源汽车蓝皮书	《中国新能源汽车产业发展报告(2020)》	中国汽车技术研究中心、日产(中国)投资有限公司、东风汽车有限公司	中国汽车技术研究中心、日产(中国)投资有限公司、东风汽车有限公司

续表

序号	内容分类	丛书名	书名	主编	研创单位
7	社会政法类	法治蓝皮书	《中国法治发展报告 No. 18(2020)》	陈甦、田禾	中国社会科学院法学研究所
8	社会政法类	社会蓝皮书	《2020年中国社会形势分析与预测》	李培林、陈光金、王春光	中国社会科学院社会学研究所
9	地方发展-社会类	广州蓝皮书	《广州社会发展报告(2020)》	张跃国、尹涛	广州市社会科学院
10	文化传媒类	新媒体蓝皮书	《中国新媒体发展报告 No. 11(2020)》	唐绪军、黄楚新	中国社会科学院新闻与传播研究所
11	国际问题与全球治理类	气候变化绿皮书	《应对气候变化报告(2020)》	谢伏瞻、刘雅鸣	中国社会科学院-中国气象局气候变化经济学模拟联合实验室
12	国别与区域类	德国蓝皮书	《德国发展报告(2020)》	郑春荣	同济大学德国研究中心

注：先按内容分类排序，同一内容分类按丛书名拼音排序。下同。

二等奖

序号	内容分类	丛书名	书名	主编	研创单位
1	宏观经济类	人口与劳动绿皮书	《中国人口与劳动问题报告 No. 21》	张车伟	中国社会科学院人口与劳动经济研究所
2	区域与城市经济类	区域蓝皮书	《中国区域经济发展报告（2019 ~ 2020）》	赵弘	北京市社会科学院

续表

序号	内容分类	丛书名	书名	主编	研创单位
3	地方发展－经济类	安徽上市公司蓝皮书	《安徽上市公司发展报告（2020）》	安徽上市公司发展报告编写组	安徽上市公司发展报告编写组
4	地方发展－经济类	广州蓝皮书	《2020年中国广州经济形势分析与预测》	涂成林、赖志鸿	广州大学广州发展研究院
5	地方发展－经济类	温州蓝皮书	《2020年温州经济社会形势分析与预测》	王健、王春光、金浩	中共温州市委党校、中国社会科学院社会学研究所
6	产业经济类	汽车蓝皮书	《中国汽车产业发展报告（2020）》	国务院发展研究中心产业经济研究部、中国汽车工程学会、大众汽车集团（中国）	国务院发展研究中心产业经济研究部 中国汽车工程学会 大众汽车集团（中国）
7	行业及其他类	旅游绿皮书	《2019～2020年中国旅游发展分析与预测》	宋瑞	中国社会科学院旅游研究中心
8	行业及其他类	世界能源蓝皮书	《世界能源发展报告（2020）》	黄晓勇	中国社会科学院研究生院国际能源安全研究中心
9	社会政法类	华侨华人蓝皮书	《华侨华人研究报告（2020）》	贾益民、张禹东、庄国土	华侨大学华侨华人研究院
10	社会政法类	青少年蓝皮书	《中国未成年人互联网运用报告（2020）》	季为民、沈杰	中国社会科学院新闻与传播研究所、中国少年儿童发展服务中心

续表

序号	内容分类	丛书名	书名	主编	研创单位
11	社会政法类	社会组织蓝皮书	《中国社会组织报告(2020)》	黄晓勇	中国社会科学院大学(研究生院)
12	地方发展-社会类	安徽蓝皮书	《安徽社会发展报告(2020)》	范和生	安徽大学
13	地方发展-社会类	北京蓝皮书	《北京公共服务发展报告(2019~2020)》	施昌奎	北京市社会科学院管理研究所
14	地方发展-社会类	广州蓝皮书	《2020年中国广州社会形势分析与预测》	张强、何镜清、涂成林	广州大学广州发展研究院
15	地方发展-文化类	甘肃蓝皮书	《甘肃舆情分析与预测(2020)》	王俊莲、许振明	甘肃省社会科学院
16	地方发展-文化类	河南蓝皮书	《河南文化发展报告(2020)》	谷建全	河南省社会科学院
17	文化传媒类	文化建设蓝皮书	《中国文化发展报告(2020)》	江畅、孙伟平、戴茂堂	湖北大学高等人文研究院、中华文化发展湖北省协同创新中心、湖北文化建设研究院
18	国际问题与全球治理类	世界经济黄皮书	《2020年世界经济形势分析与预测》	张宇燕	中国社会科学院世界经济与政治研究所
19	国别与区域类	日本蓝皮书	《日本研究报告(2020)》	杨伯江	中华日本学会、中国社会科学院日本研究所
20	国别与区域类	中亚黄皮书	《中亚国家发展报告(2020)》	孙力	中国社会科学院俄罗斯东欧中亚研究所、中国社会科学院上海合作组织研究中心

三等奖

序号	内容分类	丛书名	书名	主编	研创单位
1	宏观经济类	农村绿皮书	《中国农村经济形势分析与预测(2019~2020)》	魏后凯、黄秉信	中国社会科学院农村发展研究所、国家统计局农村社会经济调查司
2	区域与城市经济类	城市蓝皮书	《中国城市发展报告 No. 13》	单菁菁、李红玉、武占云	中国社会科学院生态文明研究所
3	地方发展-经济类	河南经济蓝皮书	《2020年河南经济形势分析与预测》	王世炎	河南省统计局
4	地方发展-经济类	河南蓝皮书	《河南能源发展报告(2020)》	魏澄宙、谷建全	国网河南省电力公司经济技术研究院、河南省社会科学院
5	地方发展-经济类	陕西蓝皮书	《陕西经济发展报告(2020)》	司晓宏、白宽犁、裴成荣	陕西省社会科学院
6	行业及其他类	大数据蓝皮书	《中国大数据发展报告 No. 4》	连玉明	大数据战略重点实验室
7	行业及其他类	数字经济蓝皮书	《全球数字经济竞争力发展报告(2020)》	王振、惠志斌	上海社会科学院信息研究所
8	行业及其他类	移动互联网蓝皮书	《中国移动互联网发展报告(2020)》	唐维红	人民网研究院
9	社会政法类	残疾人蓝皮书	《中国残疾人事业发展报告(2020)》	凌亢	南京特殊教育师范学院中国残疾人数据科学研究院

续表

序号	内容分类	丛书名	书名	主编	研创单位
10	社会政法类	法治政府蓝皮书	《中国法治政府评估报告(2020)》	中国政法大学法治政府研究院	中国政法大学法治政府研究院
11	社会政法类	就业蓝皮书	《2020年中国本科生就业报告》	王伯庆	麦可思研究院
12	地方发展-社会类	北京社会心态蓝皮书	《北京社会心态分析报告(2019~2020)》	北京市社会心理服务促进中心	北京市社会心理服务促进中心
13	地方发展-社会类	法治蓝皮书	《四川依法治省年度报告NO.6(2020)》	李林、刘志诚、田禾	中国社会科学院法学研究所
14	地方发展-社会类	健康城市蓝皮书	《北京健康城市建设研究报告(2020)》	王鸿春、盛继洪	中国医药卫生事业发展基金会、北京市健康促进工作委员会、首都社会经济发展研究所、北京健康城市建设促进会、北京民力健康传播中心、北京健康城市建设研究中心
15	地方发展-文化类	陕西蓝皮书	《陕西文化发展报告(2020)》	司晓宏、白宽犁、王长寿	陕西省社会科学院
16	文化传媒类	传媒蓝皮书	《中国传媒产业发展报告(2020)》	崔保国、徐立军、丁迈	清华大学传媒经济与管理研究中心
17	文化传媒类	媒体融合蓝皮书	《中国媒体融合发展报告(2020)》	梅宁华、支庭荣	北京市新闻工作者协会

续表

序号	内容分类	丛书名	书名	主编	研创单位
18	国际问题与全球治理类	国际形势黄皮书	《全球政治与安全报告(2020)》	张宇燕	中国社会科学院世界经济与政治研究所
19	国别与区域类	英国蓝皮书	《英国发展报告(2019~2020)》	王展鹏	北京外国语大学区域与全球治理高等研究院、北京外国语大学英国研究中心、中国欧洲学会英国研究分会

附录2　第十二届“优秀皮书报告奖”获奖名单

一等奖

序号	内容分类	报告名	所属皮书	作者	作者所在单位
1	宏观经济类	《2019年中国发展运行特点》	《财政蓝皮书：中国财政政策报告（2020）》	苏京春	中国财政科学研究院宏观经济研究中心
2	宏观经济类	《中国海洋经济发展形势分析与预测》	《海洋经济蓝皮书：中国海洋经济发展报告（2019～2020）》	“中国海洋经济发展报告”课题组	山东财经大学海洋经济与管理研究院
3	地方发展-经济类	《上海服务“一带一路”建设数据报告》	《上海与“一带一路”蓝皮书：上海服务“一带一路”建设发展报告（2020）》	周亦奇、张春	上海国际问题研究院比较政治与公共政策研究所、云南大学国际关系研究院

续表

序号	内容分类	报告名	所属皮书	作者	作者所在单位
4	地方发展-经济类	《四川省城镇化发展水平测度》	《四川蓝皮书:四川城镇化发展报告(2020)》	"四川省城镇化发展报告2020"课题组,执笔人:张霞	四川省社会科学院区域经济与城市发展研究所
5	产业经济类	《2019年我国新能源汽车市场及趋势分析》	《新能源汽车蓝皮书:中国新能源汽车产业发展报告(2020)》	刘可歆、刘万祥、方海峰	中汽中心中国汽车战略与政策研究中心
6	行业及其他类	《2019~2020年中国跨境电商发展形势分析及政策取向》	《跨境电商蓝皮书:中国跨境电商发展报告(2020)》	中国(河南)创新发展研究院、河南国际数字贸易研究院课题组,执笔人:于善甫、郭军峰、张志娟、崔明娟、刘晓、魏征	中国(河南)创新发展研究院、河南国际数字贸易研究院
7	社会政法类	《2020年国民心理健康状况调查报告:现状、趋势与服务需求》	《心理健康蓝皮书:中国国民心理健康发展报告(2019~2020)》	陈祉妍、郭菲	中国科学院心理研究所
8	社会政法类	《中国地方政府互联网服务能力评价(2020)》	《政府互联网服务能力蓝皮书:中国地方政府互联网服务能力发展报告(2020)》	徐霁、王萌森、张会平、陈良雨、汤志伟、李金兆	成都市经济发展研究院、电子科技大学
9	地方发展-社会类	《北京人口形势分析报告(2020)》	《北京人口蓝皮书:北京人口发展研究报告(2020)》	胡玉萍、薛伟玲、闫萍、尹德挺、董亭月	中共北京市委党校(北京行政学院)

续表

序号	内容分类	报告名	所属皮书	作者	作者所在单位
10	地方发展-社会类	《浦东开发开放30年社会治理创新发展的成就与启示》	《浦东新区蓝皮书：上海浦东社会治理发展报告（2020）》	徐凌	中共上海市浦东新区委员会党校
11	地方发展-文化类	《广州市文化产业高质量发展的对策研究》	《广州蓝皮书：中国广州文化发展报告（2020）》	广州大学广州发展研究院课题组，执笔人：涂成林	广州大学广州发展研究院
12	文化传媒类	《社交媒体疫情信息接触与公众心理调研》	《新媒体蓝皮书：中国新媒体发展报告 No. 11（2020）》	赵曙光、李园园、牛丽丽、刘晨菲	南京大学紫金传媒研究院（北京）
13	国际问题与全球治理类	《全球债务可持续性分析》	《世界经济黄皮书：2020年世界经济形势分析与预测》	孙靓莹	中国社会科学院世界经济与政治研究所
14	国别与区域类	《分裂与共识：2019年的美国内政外交与2020年美国大选展望》	《美国蓝皮书：美国研究报告（2020）》	魏南枝、王聪悦	中国社会科学院美国研究所

注：先按内容分类排序，同一内容分类再按报告名拼音排序，下同。

二等奖

序号	内容分类	报告名	所属皮书	作者	作者所在单位
1	宏观经济类	《2019年中国国际收支运行分析及趋势展望》	《金融蓝皮书：中国金融发展报告（2020）》	林楠	中国社会科学院金融研究所国际金融与国际经济研究室

续表

序号	内容分类	报告名	所属皮书	作者	作者所在单位
2	宏观经济类	《中国农村全面建成小康社会实现程度评价》	《农村绿皮书：中国农村经济形势分析与预测(2019~2020)》	张瑞娟、崔凯	中国社会科学院农村发展研究所
3	区域与城市经济类	《京津冀产业协同治理研究》	《京津冀蓝皮书：京津冀发展报告(2020)：区域协同治理》	叶堂林、王雪莹	首都经济贸易大学
4	地方发展-经济类	《2019~2020年黑龙江省经济发展形势分析与预测》	《黑龙江蓝皮书：黑龙江经济发展报告(2020)》	吴海宝、孙浩进、娄峰	黑龙江省社会科学院、中国社会科学院
5	地方发展-经济类	《河南城乡融合发展评价报告》	《河南蓝皮书：河南城市发展报告(2020)》	河南省社会科学院课题组，执笔人：王建国、吴旭晓、易雪琴、彭俊杰	河南省社会科学院
6	地方发展-经济类	《山东沿黄九市生态保护和高质量发展的思路与对策》	《山东蓝皮书：山东经济形势分析与预测(2020)》	山东社会科学院课题组	山东社会科学院
7	地方发展-经济类	《世界四大湾区要素资源流动比较分析》	《深圳蓝皮书：深圳经济发展报告(2020)》	廖明中	深圳市社会科学院经济研究所
8	产业经济类	《中国能源前景展望2020》	《石油蓝皮书：中国石油产业发展报告(2020)》	刘强、王恰	中国社会科学院数量经济与技术经济研究所
9	行业及其他类	《外生冲击、创新转型与深化资本市场改革》	《中国上市公司蓝皮书：中国上市公司发展报告(2020)》	杨耀武、张平	中国社会科学院经济研究所

续表

序号	内容分类	报告名	所属皮书	作者	作者所在单位
10	行业及其他类	《中国健康管理与健康产业的新产业、新产品》	《健康管理蓝皮书:中国健康管理与健康产业发展报告 No. 3(2020)》	武留信、曹霞、陈志恒	中关村新智源健康管理研究院、中南大学湘雅三医院健康管理科
11	社会政法类	《2019 年民办非企业单位发展报告》	《社会组织蓝皮书:中国社会组织报告(2020)》	徐明、魏朝阳、陈斯洁	中国社会科学院大学、北京市委社会工委市民政局社会组织工作处
12	社会政法类	《2019 年中国城乡居民收入和消费报告》	《社会蓝皮书:2020 年中国社会形势分析与预测》	贾德刚	国家统计局中国经济景气监测中心
13	社会政法类	《打赢新时代黄河生态保卫战——黄河流域生态保护和高质量发展报告(2020)》	《黄河流域蓝皮书:黄河流域生态保护和高质量发展报告(2020)》	段庆林	宁夏社会科学院
14	社会政法类	《中国政府透明度指数报告(2019)》	《法治蓝皮书:中国法治发展报告 No. 18(2020)》	中国社会科学院法学研究所法治指数创新工程项目组,执笔人:吕艳滨、田禾	中国社会科学院国家法治指数研究中心、中国社会科学院法学研究所
15	地方发展-社会类	《2019 ~ 2020 年贵州法治发展现状及对策研究》	《贵州蓝皮书:贵州法治发展报告(2020)》	贵州省社会科学院课题组	贵州省社会科学院

续表

序号	内容分类	报告名	所属皮书	作者	作者所在单位
16	地方发展-社会类	《城市人才黏性指数报告》	《北京人才蓝皮书：北京人才发展报告（2020）》	北京人才发展战略研究院课题组	北京市人力资源研究中心、北京人才发展战略研究院
17	地方发展-社会类	《杭州市“互联网+医疗健康”产业发展报告》	《健康杭州蓝皮书：健康杭州发展报告（2020）》	姜华强、郝寅竹、汪艺侠、邓玉婷	杭州师范大学、杭州市发展改革委员会
18	地方发展-社会类	《深圳志愿者发展报告》	《深圳志愿服务蓝皮书：深圳志愿服务发展报告(2020)》	谭逸丹	深圳国际公益学院社会政策研究中心
19	地方发展-文化类	《2019 年河北农村视频自媒体发展报告》	《河北蓝皮书：河北传媒发展报告（2020）》	韩春秒	河北省社会科学院新闻与传播学研究所
20	文化传媒类	《2019 年全国广播收听的受众结构、终端构成与收听习惯》	《传媒蓝皮书：中国音频传媒发展研究报告（2020）》	陈叶红、赵彦佩	中科网联数据科技有限公司
21	文化传媒类	《把握产业生命周期　增强内生发展动力》	《电影蓝皮书：全球电影产业发展报告（2020）》	王承廉、牛兴侦	青岛电影学院
22	国际问题与全球治理类	《新精神活性物质：全球新威胁与新全球治理》	《国际禁毒蓝皮书：国际禁毒研究报告（2020）》	张勇安	上海大学历史学系、上海大学毒品与国家安全研究中心
23	国际问题与全球治理类	《新冠肺炎疫情对全球应对气候变化的影响与启示》	《气候变化绿皮书：应对气候变化报告（2020）》	陈迎、沈维萍	中国社会科学院生态文明研究所、中国社会科学院大学（研究生院）

三等奖

序号	内容分类	报告名	所属皮书	作者	作者所在单位
1	宏观经济类	《2019年中国经济共享发展评价报告》	《高质量发展蓝皮书:中国经济高质量发展报告(2020)》	高质量发展研究课题组,执笔人:邹一南	中共中央党校(国家行政学院)
2	区域与城市经济类	《设立“粤港澳大湾区建设协调中心”可行性研究》	《粤港澳大湾区蓝皮书:中国粤港澳大湾区改革创新报告(2020)》	广州市粤港澳大湾区(南沙)改革创新研究院课题组,执笔:涂成林	广州大学
3	区域与城市经济类	《中央商务区以创新转型推动区域发展报告》	《中央商务区蓝皮书:中央商务区产业发展报告(2020)》	蒋三庚、王晓红、杨培华	首都经济贸易大学、北京市哲学社会科学CBD发展研究基地
4	地方发展-经济类	《2019~2020年吉林省经济形势分析与预测》	《吉林蓝皮书:2020年吉林经济社会形势分析与预测》	张丽娜、徐卓顺	吉林省社会科学院软科学研究所
5	地方发展-经济类	《2019年广州经济形势分析与2020年展望》	《广州蓝皮书:广州经济发展报告(2020)》	欧江波、唐碧海等	广州市社会科学院数量经济研究所
6	地方发展-经济类	《2019年重庆经济运行形势分析与2020年发展预测》	《重庆蓝皮书:重庆经济社会发展报告(2020)》	重庆社会科学院、重庆市人民政府发展研究中心,执笔人:吴安、王小明、何清、刘发成	重庆社会科学院、重庆市人民政府发展研究中心

续表

序号	内容分类	报告名	所属皮书	作者	作者所在单位
7	地方发展-经济类	《江西经济社会形势分析与展望》	《江西蓝皮书:江西经济社会发展报告(2020)》	田延光、麻智辉	江西省社会科学院
8	产业经济类	《生态林业发展报告》	《生态林业蓝皮书:中国特色生态文明建设与林业发展报告(2019~2020)》	王浩、李群、缪子梅、高晓琴、刘涛	南京林业大学、中国社会科学院数量经济与技术经济研究所、河北科技大学经济管理学院
9	行业及其他类	《发挥科普政策引领作用促进国家科普能力提升》	《科普蓝皮书:国家科普能力发展报告(2020)》	王挺、郑念、齐培潇、尚甲、王丽慧	中国科普研究所
10	行业及其他类	《新时代推进人力资源服务产业园高质量发展》	《人力资源蓝皮书:中国人力资源服务产业园发展报告(2019~2020)》	莫荣、侯增艳	中国劳动和社会保障科学研究院
11	行业及其他类	《中国国民休闲状况调查(2020)》	《休闲绿皮书:2019~2020年中国休闲发展报告》	“中国国民休闲状况调查”课题组,执笔人:金准、王瑞婷	中国社会科学院旅游研究中心、腾讯文旅产业研究院、腾讯用户研究与体验设计中心
12	社会政法类	《国际人口迁移中的中国移民发展现状与特点》	《国际人才蓝皮书:中国国际移民报告(2020)》	王辉耀、苗绿、吴菲怡	全球化智库(CCG)
13	社会政法类	《民族地区脱贫攻坚与决胜全面小康的成就、经验与挑战》	《民族发展蓝皮书:中国民族发展报告(2020)》	王延中、丁赛	中国社会科学院民族学与人类学研究

续表

序号	内容分类	报告名	所属皮书	作者	作者所在单位
14	社会政法类	《中国人权70年发展对世界的贡献》	《人权蓝皮书:中国人权事业发展报告NO.10(2020)》	李君如、常健	中国人权研究会
15	社会政法类	《中国收入分配改革的进展和趋势》	《薪酬蓝皮书:中国薪酬发展报告(2020)》	王霞	中国劳动和社会保障科学研究院
16	地方发展-社会类	《"一门一次"互联网+公共法律服务平台新格局建设的临汾实践》	《山西法治蓝皮书:法治山西建设年度报告No.3(2020)》	临汾市古县公共法律服务课题组,执笔人:师琰聃、康欣卓、邢晓华、张然	山西省临汾市古县司法局
17	地方发展-社会类	《2019年北京交通发展研究报告》	《北京交通蓝皮书:北京交通发展报告(2020)》	北京交通大学北京综合交通发展研究院	北京交通大学北京综合交通发展研究院
18	地方发展-社会类	《加快推进以人民为中心的社会治理现代化——2019~2020年河南社会发展形势分析与预测》	《河南蓝皮书:2020年河南社会形势分析与预测》	河南社会形势分析与预测课题组,执笔:牛苏林、张侃、潘艳艳、李三辉、闫慈	河南省社会科学院社会发展研究所
19	地方发展-社会类	《新时代河北青年的成长际遇与使命担当》	《河北青年蓝皮书:河北青年发展报告2020》	樊雅丽、张丽、李永琴	河北省社会科学院社会发展研究所、共青团河北省委办公室

续表

序号	内容分类	报告名	所属皮书	作者	作者所在单位
20	地方发展－文化类	《北京文化科技融合发展报告（2019～2020）》	《文化科技蓝皮书：北京文化科技融合发展报告（2019～2020）》	江光华、杨洋	北京科学学研究中心、北京文投华彩文化咨询有限公司
21	地方发展－文化类	《洛阳历史文化名人资源保护与开发研究》	《洛阳蓝皮书：洛阳文化发展报告（2020）》	牛卫东	河南科技大学
22	文化传媒类	《差异化发展：在不均衡格局中探索创新和特色之路（2019～2020）》	《文化蓝皮书：中国区域文化产业发展报告（2019～2020）》	李炎、于良楠、胡洪斌、何继想、王佳	云南大学文化发展研究院
23	文化传媒类	《中国文化和科技融合发展报告》	《文化蓝皮书：中国文化发展研究报告（2017～2020）》	高宏存、王林生	中共中央党校（国家行政学院）、北京市社会科学院文化研究所
24	国际问题与全球治理类	《全球智慧社会的发展进程和水平评估》	《全球信息社会蓝皮书：全球信息社会发展报告（2019～2020）》	丁波涛、陈隽	上海社会科学院信息研究所
25	国别与区域类	《百年大变局下的中东变局：2019 年中东形势评估》	《阿拉伯黄皮书：阿拉伯发展报告（2020）》	田文林	中国现代国际关系研究院
26	国别与区域类	《拉美形势与前景：再陷“失去的十年”？》	《拉美黄皮书：拉丁美洲和加勒比发展报告（2019～2020）》	岳云霞	中国社会科学院拉丁美洲研究所

附录3　2020年版皮书综合评价排名前100书目

宏观经济类（6种）

综合排名	分类排名	丛书名	书名	研创单位	皮书内容评价（70%）				社会影响力				综合得分
					原始得分（满分100分）	加分项（满分5分）	减分项（最高扣15分）	实际得分	下载率得分（满分100分，5%）	品牌贡献度（满分100分，5%）	媒体得分（满分100分，20%）	实际得分	
10	1	经济蓝皮书	2020年中国经济形势分析与预测	中国社会科学院工业经济研究所	88. 6	4. 5	0	65. 17	100	100	86	27. 2	92. 37
16	2	人口与劳动绿皮书	中国人口与劳动问题报告 No. 21	中国社会科学院人口与劳动经济研究所	88. 19	4	0	64. 54	90	90	81	25. 2	89. 74
30	3	农村绿皮书	中国农村经济形势分析与预测（2019~2020）	中国社会科学院农村发展研究所、国家统计局农村社会经济调查司	83. 8	3. 5	0	61. 11	90	80	91	26. 7	87. 81

续表

综合排名	分类排名	丛书名	书名	研创单位	皮书内容评价（70%）				社会影响力				综合得分
					原始得分（满分100分）	加分项（满分5分）	减分项（最高扣15分）	实际得分	下载率得分（满分100分，5%）	品牌贡献度（满分100分，5%）	媒体得分（满分100分，20%）	实际得分	
36	4	可持续发展蓝皮书	中国可持续发展评价报告（2020）	中国国际经济交流中心、美国哥伦比亚大学地球研究院、阿里研究院	87.79	4.5	0	64.61	80	60	75	22	86.61
62	5	海洋经济蓝皮书	中国海洋经济发展报告（2019~2020）	中国海洋大学	83.5	3.5	0	60.9	90	70	75	23	83.9
75	6	宏观经济蓝皮书	中国经济增长报告（2019~2020）	中国社会科学院经济研究所	94.5	4.5	0	69.3	40	40	48	13.6	82.9

区域与城市经济类（8种）

综合排名	分类排名	丛书名	书名	研创单位	皮书内容评价（70%）				社会影响力				综合得分
					原始得分（满分100分）	加分项（满分5分）	减分项（最高扣15分）	实际得分	下载率得分（满分100分，5%）	品牌贡献度（满分100分，5%）	媒体得分（满分100分，20%）	实际得分	
3	1	京津冀蓝皮书	京津冀发展报告（2020）	首都经济贸易大学	94	4.5	0	68.95	80	50	100	26.5	95.45
15	2	粤港澳大湾区蓝皮书	中国粤港澳大湾区改革创新报告（2020）	广州市粤港澳（南沙）改革创新研究院、广东省区域发展蓝皮书研究会、广州大学广州发展研究院	83.42	4.5	0	61.55	100	80	96	28.2	89.75
23	3	区域蓝皮书	中国区域经济发展报告（2019～2020）	北京市社会科学院	87.79	4	0	64.26	90	60	83.5	24.2	88.46
31	4	中央商务区蓝皮书	中央商务区产业发展报告（2020）	首都经济贸易大学	89.55	4.5	0	65.84	60	50	82	21.9	87.74

续表

综合排名	分类排名	丛书名	书名	研创单位	皮书内容评价(70%)				社会影响力				综合得分
					原始得分(满分100分)	加分项(满分5分)	减分项(最高扣15分)	实际得分	下载率得分(满分100分,5%)	品牌贡献度(满分100分,5%)	媒体得分(满分100分,20%)	实际得分	
39	5	城市休闲和旅游竞争力绿皮书	中国城市休闲和旅游竞争力报告(2020)	北京联合大学旅游学院	85.88	4.5	0	63.27	50	50	88.5	22.7	85.97
43	6	城市蓝皮书	中国城市发展报告 No.13	中国社会科学院生态文明研究所	85.4	4.5	0	62.93	70	80	76.5	22.8	85.73
68	7	国家中心城市蓝皮书	国家中心城市建设报告(2020)	郑州师范学院国家中心城市研究院	81.26	4.5	-1	59.34	80	80	81	24.2	83.54
99	8	商务中心区蓝皮书	中国商务中心区发展报告 No.6(2020)	北京商务中心区管理委员会、中国社会科学院生态文明研究所	83.32	4.5	0	61.48	70	50	66.5	19.3	80.78

产业经济类（8种）

综合排名	分类排名	丛书名	书名	研创单位	皮书内容评价（70%）				社会影响力				综合得分
					原始得分（满分100分）	加分项（满分5分）	减分项（最高扣15分）	实际得分	下载率得分（满分100分，5%）	品牌贡献度（满分100分，5%）	媒体得分（满分100分，20%）	实际得分	
6	1	新能源汽车蓝皮书	中国新能源汽车产业发展报告(2020)	中国汽车技术研究中心、日产（中国）投资有限公司、东风汽车有限公司	88.98	4.5	0	65.44	100	90	91	27.7	93.14
14	2	产业蓝皮书	中国产业竞争力报告（2020）No.9	中国社会科学院工业经济研究所	90.38	4	-1	65.37	100	60	85	25	90.37
28	3	汽车蓝皮书	中国汽车产业发展报告（2020）	国务院发展研究中心产业经济研究部　中国汽车工程学会　大众汽车集团（中国）	87.5	4.5	0	64.4	70	90	78	23.6	88
32	4	房地产蓝皮书	中国房地产发展报告 No.17(2020)	中国社会科学院生态文明研究所	85	3.5	0	61.95	90	80	86	25.7	87.65

续表

综合排名	分类排名	丛书名	书名	研创单位	皮书内容评价(70%)				社会影响力				综合得分
					原始得分(满分100分)	加分项(满分5分)	减分项(最高扣15分)	实际得分	下载率得分(满分100分,5%)	品牌贡献度(满分100分,5%)	媒体得分(满分100分,20%)	实际得分	
35	5	生态林业蓝皮书	中国特色生态文明建设与林业发展报告(2019~2020)	中国特色生态文明建设与林业发展研究院	87.37	4.5	0	64.31	70	40	85	22.5	86.81
90	6	汽车工业蓝皮书	中国汽车工业发展报告(2020)	中国汽车工业协会、中国汽车技术研究中心有限公司、丰田汽车公司	77.6	3.5	0	56.77	90	90	79.5	24.9	81.67
92	7	氢能汽车蓝皮书	中国车用氢能产业发展报告(2020)	中国汽车技术研究中心有限公司、荷兰皇家壳牌集团	80.82	4.5	0	59.73	70	80	72	21.9	81.63
94	8	邮轮绿皮书	中国邮轮产业发展报告(2020)	上海国际邮轮经济研究院	82.82	4	-1	60.08	90	60	69	21.3	81.38

行业及其他类（15 种）

综合排名	分类排名	丛书名	书名	研创单位	皮书内容评价（70%）				社会影响力				综合得分
					原始得分（满分100分）	加分项（满分5分）	减分项（最高扣15分）	实际得分	下载率得分（满分100分，5%）	品牌贡献度（满分100分，5%）	媒体得分（满分100分，20%）	实际得分	
24	1	移动互联网蓝皮书	中国移动互联网发展报告（2020）	人民网研究院	84.18	3	0	61.03	100	70	94.5	27.4	88.43
38	2	跨境电商蓝皮书	中国跨境电商发展报告（2020）	河南国际数字贸易研究院	82.65	4	0	60.66	100	80	83	25.6	86.26
42	3	可持续发展蓝皮书	A 股上市公司可持续发展价值评估报告（2020）	中国国际经济交流中心、美国哥伦比亚大学地球研究院、阿里研究院	92	4.5	0	67.55	70	70	56	18.2	85.75
51	4	数字经济蓝皮书	全球数字经济竞争力发展报告(2020)	上海社会科学院信息研究所	87.9	3	0	63.63	100	50	69	21.3	84.93
52	5	世界能源蓝皮书	世界能源发展报告（2020）	中国社会科学院研究生院国际能源安全研究中心	88.13	4	0	64.5	80	50	69	20.3	84.8

续表

综合排名	分类排名	丛书名	书名	研创单位	皮书内容评价(70%)				社会影响力				综合得分
					原始得分(满分100分)	加分项(满分5分)	减分项(最高扣15分)	实际得分	下载率得分(满分100分,5%)	品牌贡献度(满分100分,5%)	媒体得分(满分100分,20%)	实际得分	
54	6	大数据蓝皮书	中国大数据发展报告 No. 4	大数据战略重点实验室	80. 35	4	0	59. 05	90	100	80	25. 5	84. 55
57	7	旅游绿皮书	2019～2020 年中国旅游发展分析与预测	中国社会科学院旅游研究中心	81. 46	4	0	59. 83	100	70	80	24. 5	84. 33
58	8	休闲绿皮书	2019～2020 年中国休闲发展报告	中国社会科学院旅游研究中心	84. 6	3	0	61. 32	70	50	85	23	84. 32
60	9	医院蓝皮书	中国医院竞争力报告(2019～2020)	广州艾力彼管理顾问有限公司、艾力彼医院管理研究中心	82. 5	3. 5	0	60. 2	90	60	82. 5	24	84. 2
72	10	中医文化蓝皮书	中国中医药文化发展报告(2020)	北京中医药文化传播重点研究室、北京中医药大学中医药文化研究与传播中心	89. 5	4. 5	0	65. 8	70	60	55	17. 5	83. 3

续表

综合排名	分类排名	丛书名	书名	研创单位	皮书内容评价(70%)				社会影响力				综合得分
					原始得分(满分100分)	加分项(满分5分)	减分项(最高扣15分)	实际得分	下载率得分(满分100分，5%)	品牌贡献度(满分100分，5%)	媒体得分(满分100分，20%)	实际得分	
77	11	健康管理蓝皮书	中国健康管理与健康产业发展报告 No. 3(2020)	中关村新智源健康管理研究院、中南大学健康管理研究中心	86. 75	4	0	63. 53	100	100	46	19. 2	82. 73
84	12	监管科技蓝皮书	中国监管科技发展报告(2020)	中国人民银行货币政策司	79. 25	4	0	58. 28	80	80	80	24	82. 28
86	13	企业海外发展蓝皮书	中国企业海外发展报告(2020)	对外经济贸易大学北京企业国际化经营研究基地、中国开放经济与国际科技合作战略研究中心、对外经济贸易大学国际直接投资研究中心	84. 05	4	0	61. 64	80	50	70	20. 5	82. 14

续表

综合排名	分类排名	丛书名	书名	研创单位	皮书内容评价(70%)				社会影响力				综合得分
					原始得分(满分100分)	加分项(满分5分)	减分项(最高扣15分)	实际得分	下载率得分(满分100分,5%)	品牌贡献度(满分100分,5%)	媒体得分(满分100分,20%)	实际得分	
87	14	健康保险蓝皮书	中国健康保险发展报告(2020)	国家金融与发展实验室、上海健康医学院	84.43	4	0	61.91	70	50	70	20	81.91
97	15	品牌蓝皮书	中国旅游住宿品牌发展报告(2019~2020)	品牌中国战略规划院、迈点研究院	89.17	4.5	0	65.57	80	70	41	15.7	81.27

社会政法类（21种）

综合排名	分类排名	丛书名	书名	研创单位	皮书内容评价（70%）				社会影响力				综合得分
					原始得分（满分100分）	加分项（满分5分）	减分项（最高扣15分）	实际得分	下载率得分（满分100分，5%）	品牌贡献度（满分100分，5%）	媒体得分（满分100分，20%）	实际得分	
2	1	青少年蓝皮书	中国未成年人互联网运用报告(2020)	中国社会科学院新闻与传播研究所、中国少年儿童发展服务中心	93	4	0	67.9	100	70	96	27.7	95.6
4	2	社会蓝皮书	2020年中国社会形势分析与预测	中国社会科学院社会学研究所	93.35	4.5	0	68.5	100	90	85	26.5	95
8	3	法治蓝皮书	中国法治发展报告No.18(2020)	中国社会科学院法学研究所	86.61	4.5	0	63.78	90	90	100	29	92.78
12	4	社会组织蓝皮书	中国社会组织报告(2020)	中国社会科学院大学	90.67	4.5	0	66.62	100	50	90	25.5	92.12
13	5	心理健康蓝皮书	中国国民心理健康发展报告(2019~2020)	中国科学院心理研究所	86.7	4.5	0	63.84	100	100	85	27	90.84
18	6	政府互联网服务能力蓝皮书	中国地方政府互联网服务能力发展报告(2020)	电子科技大学公共管理学院、成都市经济发展研究院	92.5	4	0	67.55	80	70	73	22.1	89.65

续表

综合排名	分类排名	丛书名	书名	研创单位	皮书内容评价（70%）				社会影响力				综合得分
					原始得分（满分100分）	加分项（满分5分）	减分项（最高扣15分）	实际得分	下载率得分（满分100分，5%）	品牌贡献度（满分100分，5%）	媒体得分（满分100分，20%）	实际得分	
19	7	法治蓝皮书	中国法院信息化发展报告 No. 4（2020）	中国社会科学院法学研究所	82. 79	3. 5	0	60. 41	90	100	96	28. 7	89. 11
20	8	华侨华人蓝皮书	华侨华人研究报告（2020）	华侨大学华侨华人研究院	89. 28	4	0	65. 3	70	50	87. 5	23. 5	88. 8
29	9	就业蓝皮书	2020 年中国本科生就业报告	麦可思研究院	85. 5	3	0	61. 95	100	80	85	26	87. 95
33	10	残疾人蓝皮书	中国残疾人事业发展报告（2020）	南京特殊教育师范学院中国残疾人数据科学研究院	87. 6	4	0	64. 12	80	50	84. 5	23. 4	87. 52
37	11	法治政府蓝皮书	中国法治政府评估报告（2020）	中国政法大学法治政府研究院	85. 66	4	0	62. 77	70	80	80	23. 5	86. 27
45	12	就业蓝皮书	2020 年中国高职生就业报告	麦可思研究院	85	3	0	61. 6	90	50	85	24	85. 6

续表

综合排名	分类排名	丛书名	书名	研创单位	皮书内容评价(70%)				社会影响力				综合得分
					原始得分(满分100分)	加分项(满分5分)	减分项(最高扣15分)	实际得分	下载率得分(满分100分,5%)	品牌贡献度(满分100分,5%)	媒体得分(满分100分,20%)	实际得分	
46	13	黄河流域蓝皮书	黄河流域生态保护和高质量发展报告(2020)	宁夏社会科学院	80.5	4.5	0	59.5	100	80	85	26	85.5
50	14	健康老龄化蓝皮书	中国大中城市健康老龄化指数报告(2019~2020)	西南交通大学国际老龄科学研究院	91.5	4	-1	66.15	60	70	62	18.9	85.05
53	15	流动儿童蓝皮书	中国流动儿童教育发展报告(2019~2020)	21世纪教育研究院、新公民计划	84.03	4	0	61.63	100	60	75	23	84.63
55	16	企业社会责任蓝皮书	中国企业社会责任研究报告(2020)	中国社会科学院经济学部企业社会责任研究中心	82.5	3.5	-1	59.5	90	70	85	25	84.5
77	17	人权蓝皮书	中国人权事业发展报告NO.10(2020)	中国人权研究会	82.68	4.5	0	61.03	60	50	81	21.7	82.73

续表

综合排名	分类排名	丛书名	书名	研创单位	皮书内容评价（70%）				社会影响力				综合得分
					原始得分（满分100分）	加分项（满分5分）	减分项（最高扣15分）	实际得分	下载率得分（满分100分，5%）	品牌贡献度（满分100分，5%）	媒体得分（满分100分，20%）	实际得分	
80	18	医疗保障蓝皮书	中国医疗保障发展报告（2020）	中国社会保障学会	79.36	3	-1	56.96	90	70	87	25.4	82.36
82	19	健康城市蓝皮书	中国健康城市建设研究报告（2020）	中国城市报·中国健康城市研究院、中国医药卫生事业发展基金会、首都社会经济发展研究所、北京健康城市建设促进会、北京健康城市建设研究中心	84.73	3	0	61.42	90	70	64.5	20.9	82.32
89	20	慈善蓝皮书	中国慈善发展报告（2020）	中国社会科学院社会学研究所	82.96	4	0	60.88	90	70	64	20.8	81.68
96	21	北京蓝皮书	中国社区发展报告（2019～2020）	北京市社会科学院城市研究所	80.8	3	0	58.66	70	40	86	22.7	81.36

文化传媒类（8种）

综合排名	分类排名	丛书名	书名	研创单位	皮书内容评价（70%）				社会影响力				综合得分
					原始得分（满分100分）	加分项（满分5分）	减分项（最高扣15分）	实际得分	下载率得分（满分100分，5%）	品牌贡献度（满分100分，5%）	媒体得分（满分100分，20%）	实际得分	
1	1	新媒体蓝皮书	中国新媒体发展报告 No. 11（2020）	中国社会科学院新闻与传播研究所	89. 7	4. 5	0	65. 94	100	100	100	30	95. 94
11	2	文化建设蓝皮书	中国文化发展报告（2020）	湖北大学高等人文研究院、中华文化发展湖北省协同创新中心、湖北文化建设研究院	90. 5	4	0	66. 15	70	50	100	26	92. 15
40	3	媒体融合蓝皮书	中国媒体融合发展报告（2020）	北京市新闻工作者协会	79. 27	4	0	58. 29	90	90	92. 5	27. 5	85. 79
56	4	传媒蓝皮书	中国传媒产业发展报告（2020）	清华大学传媒经济与管理研究中心	85. 12	4	0	62. 39	100	90	62. 5	22	84. 39
64	5	网络评论蓝皮书	中国网络评论发展报告（2020）	“网络评论蓝皮书”编委会	87	4	0	63. 7	70	80	63	20. 1	83. 8

续表

综合排名	分类排名	丛书名	书名	研创单位	皮书内容评价（70%）				社会影响力				综合得分
					原始得分（满分100分）	加分项（满分5分）	减分项（最高扣15分）	实际得分	下载率得分（满分100分，5%）	品牌贡献度（满分100分，5%）	媒体得分（满分100分，20%）	实际得分	
74	6	传播创新蓝皮书	中国传播创新研究报告（2020）	武汉大学媒体发展研究中心	84.74	4	0	62.12	80	50	71.5	20.8	82.92
95	7	文化金融蓝皮书	中国文化金融发展报告（2020）	国家金融与发展实验室、深圳文化产权交易所、中国社会科学院产业金融研究基地	81.6	4.5	0	60.27	80	50	73	21.1	81.37
98	8	电影蓝皮书	全球电影产业发展报告（2020）	北京电影学院现代创意媒体学院、北京电影学院国家电影智库、青岛电影之都办公室	78.69	3.5	0	57.54	80	50	84	23.3	80.84

国别与区域类（5种）

综合排名	分类排名	丛书名	书名	研创单位	内容分类	皮书内容评价（70%）				社会影响力				综合得分
						原始得分（满分100分）	加分项（满分5分）	减分项（最高扣15分）	实际得分	下载率得分（满分100分，5%）	品牌贡献度（满分100分，5%）	媒体得分（满分100分，20%）	实际得分	
22	1	德国蓝皮书	德国发展报告（2020）	同济大学德国研究中心	国别与区域	86	3	0	62.3	80	60	97	26.4	88.7
49	2	英国蓝皮书	英国发展报告（2019~2020）	北京外国语大学区域与全球治理高等研究院、北京外国语大学英国研究中心、中国欧洲学会英国研究分会	国别与区域	84	4	0	61.6	80	50	85	23.5	85.1
64	3	日本蓝皮书	日本研究报告（2020）	中华日本学会、中国社会科学院日本研究所	国别与区域	85	4	-1	61.6	80	50	78.5	22.2	83.8

续表

综合排名	分类排名	丛书名	书名	研创单位	内容分类	皮书内容评价（70%）				社会影响力				综合得分
						原始得分（满分100分）	加分项（满分5分）	减分项（最高扣15分）	实际得分	下载率得分（满分100分，5%）	品牌贡献度（满分100分，5%）	媒体得分（满分100分，20%）	实际得分	
64	3	中亚黄皮书	中亚国家发展报告（2020）	中国社会科学院俄罗斯东欧中亚研究所、中国社会科学院上海合作组织研究中心	国别与区域	83	3	0	60.2	90	60	80.5	23.6	83.8
100	5	日本经济蓝皮书	日本经济与中日经贸关系研究报告（2020）	全国日本经济学会、中国社会科学院日本研究所	国别与区域	81	3	0	58.8	80	50	77	21.9	80.7

国际问题与全球治理类（4种）

综合排名	分类排名	丛书名	书名	研创单位	皮书内容评价（70%）				社会影响力				综合得分
					原始得分（满分100分）	加分项（满分5分）	减分项（最高扣15分）	实际得分	下载率得分（满分100分，5%）	品牌贡献度（满分100分，5%）	媒体得分（满分100分，20%）	实际得分	
20	1	气候变化绿皮书	应对气候变化报告（2020）	中国社会科学院-中国气象局气候变化经济学模拟联合实验室	85	3	0	61.6	80	90	93.5	27.2	88.8
34	2	世界经济黄皮书	2020年世界经济形势分析与预测	中国社会科学院世界经济与政治研究所	87	3	0	63	100	80	75	24	87
44	3	国际形势黄皮书	全球政治与安全报告（2020）	中国社会科学院世界经济与政治研究所	88	4	0	64.4	100	80	61.5	21.3	85.7
59	4	国际禁毒蓝皮书	国际禁毒研究报告（2020）	上海研究院、上海大学	81.38	3	0	59.07	60	70	93.5	25.2	84.27

地方发展-经济类（14 种）

综合排名	分类排名	丛书名	书名	研创单位	皮书内容评价（70%）				社会影响力				综合得分
					原始得分（满分100分）	加分项（满分5分）	减分项（最高扣15分）	实际得分	下载率得分（满分100分，5%）	品牌贡献度（满分100分，5%）	媒体得分（满分100分，20%）	实际得分	
7	1	广州蓝皮书	广州创新型城市发展报告（2020）	广州市社会科学院	90	3	0	65.1	90	70	100	28	93.1
9	2	广州蓝皮书	广州经济发展报告（2020）	广州市社会科学院	89.76	3	0	64.94	90	70	97.5	27.5	92.44
17	3	广州蓝皮书	广州城市国际化发展报告（2020）	广州市社会科学院国际问题研究所	90.25	3	0	65.28	70	50	92	24.4	89.68
25	4	甘肃蓝皮书	甘肃县域和农村发展报告（2020）	甘肃省社会科学院、甘肃省统计局	88.5	2.5	-1	63	70	60	94.5	25.4	88.4
40	5	安徽上市公司蓝皮书	安徽上市公司发展报告（2020）	安徽上市公司发展报告编写组	87.19	3.5	0	63.49	60	70	79	22.3	85.79
48	6	北京蓝皮书	北京经济发展报告（2019～2020）	北京市社会科学院经济所	85.1	3	0	61.67	80	50	85	23.5	85.17

续表

综合排名	分类排名	丛书名	书名	研创单位	皮书内容评价（70%）				社会影响力				综合得分
					原始得分（满分100分）	加分项（满分5分）	减分项（最高扣15分）	实际得分	下载率得分（满分100分，5%）	品牌贡献度（满分100分，5%）	媒体得分（满分100分，20%）	实际得分	
61	7	上海与“一带一路”蓝皮书	上海服务“一带一路”建设发展报告（2020）	上海研究院、上海国际问题研究院	89.16	4.5	0	65.57	50	70	62	18.4	83.97
70	8	广州蓝皮书	广州数字经济发展报告（2020）	广州市社会科学院	78.93	3	0	57.36	90	70	90	26	83.36
71	9	海南蓝皮书	中国（海南）自由贸易试验区发展报告（2020）	海南省社会科学院、上海社会科学院	83.75	3	0	60.73	60	60	83	22.6	83.33
76	10	广州蓝皮书	广州国际商贸中心发展报告（2020）	广州市社会科学院、广州市商务局、广州商业总会	81	2	0	58.1	70	50	93.5	24.7	82.8
79	11	温州蓝皮书	2020年温州经济社会形势分析与预测	中共温州市委党校、中国社会科学院社会学研究所	84.5	2.5	0	60.9	60	70	75	21.5	82.4

续表

综合排名	分类排名	丛书名	书名	研创单位	皮书内容评价(70%)				社会影响力				综合得分
					原始得分(满分100分)	加分项(满分5分)	减分项(最高扣15分)	实际得分	下载率得分(满分100分,5%)	品牌贡献度(满分100分,5%)	媒体得分(满分100分,20%)	实际得分	
85	12	广州蓝皮书	广州城乡融合发展报告(2020)	广州市社会科学院	77.64	2	0	55.75	70	70	97	26.4	82.15
88	13	甘肃蓝皮书	甘肃经济发展分析与预测(2020)	甘肃省社会科学院	83.16	2.5	0	59.97	60	50	82	21.9	81.87
91	14	广州蓝皮书	2020年中国广州经济形势分析与预测	广州大学广州发展研究院	85.14	3.5	0	62.05	60	60	68	19.6	81.65

地方发展-社会类（9种）

综合排名	分类排名	丛书名	书名	研创单位	皮书内容评价（70%）				社会影响力				综合得分
					原始得分（满分100分）	加分项（满分5分）	减分项（最高扣15分）	实际得分	下载率得分（满分100分，5%）	品牌贡献度（满分100分，5%）	媒体得分（满分100分，20%）	实际得分	
5	1	广州蓝皮书	广州社会发展报告（2020）	广州市社会科学院	94.5	4	0	68.95	60	50	95	24.5	93.45
25	2	广州蓝皮书	2020年中国广州社会形势分析与预测	广州大学广州发展研究院	91	3	0	65.8	60	60	83	22.6	88.4
27	3	北京蓝皮书	北京公共服务发展报告（2019~2020）	北京市社会科学院管理研究所	90.84	4	0	66.39	60	40	85	22	88.39
63	4	健康城市蓝皮书	北京健康城市建设研究报告（2020）	中国医药卫生事业发展基金会、北京市健康促进工作委员会、首都社会经济发展研究所、北京健康城市建设促进会、北京民力健康传播中心、北京健康城市建设研究中心	88.39	4	0	64.68	60	70	63.5	19.2	83.88

续表

综合排名	分类排名	丛书名	书名	研创单位	皮书内容评价（70%）				社会影响力				综合得分
					原始得分（满分100分）	加分项（满分5分）	减分项（最高扣15分）	实际得分	下载率得分（满分100分，5%）	品牌贡献度（满分100分，5%）	媒体得分（满分100分，20%）	实际得分	
67	5	河北青年蓝皮书	河北青年发展报告 2020	共青团河北省委员会	87	4	0	63.7	50	60	72	19.9	83.6
69	6	法治蓝皮书	四川依法治省年度报告 NO.6(2020)	中国社会科学院法学研究所	77.88	2	0	55.92	60	90	100	27.5	83.42
73	7	北京社会心态蓝皮书	北京社会心态分析报告（2019～2020）	北京市社会心理服务促进中心	85	3	0	61.6	50	50	83	21.6	83.2
83	8	安徽蓝皮书	安徽社会发展报告（2020）	安徽大学	86.42	3	0	62.6	70	40	71	19.7	82.3
93	9	甘肃蓝皮书	甘肃社会发展分析与预测（2020）	甘肃省社会科学院	83.57	2.5	-1	59.55	60	50	82	21.9	81.45

地方发展-文化类（2种）

综合排名	分类排名	丛书名	书名	研创单位	皮书内容评价（70%）				社会影响力				综合得分
					原始得分（满分100分）	加分项（满分5分）	减分项（最高扣15分）	实际得分	下载率得分（满分100分，5%）	品牌贡献度（满分100分，5%）	媒体得分（满分100分，20%）	实际得分	
47	1	甘肃蓝皮书	甘肃舆情分析与预测（2020）	甘肃省社会科学院	86.75	4	0	63.53	60	50	82	21.9	85.43
80	2	北京蓝皮书	北京文化发展报告（2019~2020）	北京市社会科学院	81.72	4.5	0	60.36	80	40	80	22	82.36

图书在版编目(CIP)数据

新征程中的皮书研创与出版 / 谢曙光主编. --北京:
社会科学文献出版社，2023.1
(皮书研究系列)
ISBN 978-7-5228-0411-8

Ⅰ.①新… Ⅱ.①谢… Ⅲ.①社会科学-研究报告-
中国-文集 Ⅳ.①C12-53

中国版本图书馆 CIP 数据核字(2022)第 117924 号

皮书研究系列(9)
新征程中的皮书研创与出版

主　　编 / 谢曙光
副 主 编 / 蔡继辉　吴　丹　丁阿丽

出 版 人 / 王利民
责任编辑 / 张铭晏
文稿编辑 / 梁荣琳
责任印制 / 王京美

出　　版 / 社会科学文献出版社·皮书研究院 (010) 59367092
地址：北京市北三环中路甲 29 号院华龙大厦　邮编：100029
网址：www.ssap.com.cn
发　　行 / 社会科学文献出版社 (010) 59367028
印　　装 / 三河市龙林印务有限公司

规　　格 / 开 本：787mm×1092mm　1/16
印 张：18.5　字 数：206 千字
版　　次 / 2023 年 1 月第 1 版　2023 年 1 月第 1 次印刷
书　　号 / ISBN 978-7-5228-0411-8
定　　价 / 98.00 元

读者服务电话：4008918866